AF331110

CATALOGUE
DES LIVRES

DE LA BIBLIOTHÈQUE

DE FEU M. GUILHEM DE CLERMONT

LODÈVE DE SAINTE-CROIX,

MEMBRE de la classe d'Histoire et de Littérature ancienne de l'Institut.

Précédé d'une Notice Historique sur sa Vie et ses Ouvrages.

PRIX : 1 fr.

A PARIS,

CHEZ DE BURE, père et fils, Libraires de la Bibliothèque Impériale, rue Serpente, N°. 7.

DE L'IMPRIMERIE DE TESTU, IMPRIMEUR DE L'EMPEREUR.

JUIN. = 1809.

NOTICE

SUR M. DE SAINTE-CROIX.

Au moment où va être publié le Catalogue
de la Bibliothèque de M. de Sainte-Croix,
nous ne pouvons nous refuser au désir d'y
joindre une courte notice de la vie et des ouvrages de ce savant illustre dont la perte, encore récente, a si vivement affecté tous les
amis de la vertu et des lettres. Ce n'est point
un hommage que nous voulons ajouter à ceux
qui ont déjà été rendus à sa mémoire ; nous
cédons au besoin de satisfaire à un sentiment
irrésistible, et c'est sous ce point de vue que
nous nous flattons d'obtenir pour cette faible
esquisse l'indulgence du public.

M. Guillaume - Emmanuel - Joseph - Guilhem de Clermont-Lodève de Sainte-Croix,
né à Mormoiron près Carpentras, dans le
Comtat Vénaissin, le 5 janvier 1746, d'une
famille noble, était appelé par sa naissance
et par les exemples domestiques à la carrière
militaire. A peine avait-il achevé ses études
chez les Jésuites de Grenoble, qu'il partit au
mois de janvier 1761, pour les Isles du Vent,
avec une commission de capitaine de cava-
lerie et en qualité d'aide-de-camp de son
oncle M. le Chevalier de Sainte-Croix, qui
s'était rendu célèbre par la défense de Belle-
Isle, et qui alloit prendre le commandement
de la Martinique. L'inclination de M. de
Sainte-Croix, fortifiée par ce voyage fait dans

un âge où les impressions sont si vives, le portait par préférence vers le service de mer, mais les circonstances en décidèrent autrement. M. le Chevalier de Sainte-Croix étant mort au mois d'août de la même année, son neveu repassa en France, chargé des paquets de la Cour, et fut attaché au régiment des Grenadiers de France, en attendant qu'il obtînt une compagnie. Il servit six ou sept ans dans ce corps, et ne le quitta que pour se livrer entièrement à son goût pour l'étude, trop contrarié par un genre de vie qui le tenait quelquefois éloigné de toutes les sources de l'instruction. Déjà par la lecture réfléchie des principaux écrivains grecs et latins, il avait posé les fondemens de cette vaste et solide érudition dont il sut dans la suite faire un usage si heureux. L'histoire, dans toute son étendue et avec toutes ses branches, devint le domaine à la culture duquel il se consacra tout entier. Appliquant chaque jour les connaissances qu'il acquérait à quelque objet déterminé, il formait son jugement et s'habituait à mettre en œuvre les matériaux que la lecture lui fournissait. Par là il se préservait d'un écueil assez commun aux érudits, qui ne songent qu'à amasser de nombreuses connaissances sans les féconder par la réflexion, et rendent ainsi inutile, pour le progrès des lettres, une vie qu'ils ont consacrée uniquement à la littérature. D'ailleurs, M. de Sainte-Croix ne fut jamais animé que d'un seul sentiment, l'amour de la vérité. Ce n'était ni par le désir de s'illustrer, ni dans la vue de se procurer aucun des avantages qui accompagnent par fois l'homme de lettres dans sa carrière, ou répandent quelque éclat sur la fin de ses jours, qu'il s'était dévoué à l'étude. Une passion plus noble, un sentiment plus généreux, le seul qui puisse garantir l'homme des illusions de l'esprit de système, de cet esprit qui convertit en ténèbres la lumière, et en poison les sources même de la vie, fut constamment le ressort qui l'anima. La découverte de la vérité, surtout si elle pouvait être utile à ses semblables, prévenir leurs erreurs, redresser leurs jugemens, les préserver de quelque écueil, était l'unique récompense à laquelle il aspirât, le seul prix qu'il jugeât digne d'un homme de lettres pénétré de la grandeur de sa vocation. « Quand l'homme supérieur entre dans » la carrière, a dit quelque part M. de Sainte- » Croix, ce n'est pas pour se faire remarquer, » c'est pour atteindre le but. L'homme mé- » diocre croit y parvenir, lorsqu'il ne fait » qu'attirer sur lui-même les regards de la » multitude ». Cette élévation de sentimens, cette noblesse d'ame, jointes à une confiance aveugle dans la Providence, et à une parfaite résignation à ses volontés, ont été la source de la paix dont il a joui au milieu des plus affreux renversemens.

M. de Sainte-Croix avait épousé, le 11 décembre 1770, Mademoiselle d'Elbène, et leur union avait été heureuse, comme toutes celles qui sont fondées sur les qualités les plus estimables de l'esprit et du cœur. Deux fils, dont l'un après avoir été attaché comme page à Monsieur, frère du Roi, avait été nommé en 1788 sous-lieutenant, et en 1791, lieutenant au régiment de Beauvoisis, et l'autre élevé au collége d'Alais parmi les aspirans à la marine, était près d'être admis dans les gardes du Pavillon, partageaient avec une fille toutes les affections d'un père et d'une mère, dont ils se montraient dignes, et semblaient ne leur promettre que de nouveaux sujets de satisfaction. Les travaux littéraires de M. de Sainte-Croix lui avaient d'ailleurs mérité des succès flatteurs. Trois fois, en 1772, 1773 et 1777, il avait été couronné par l'Académie des Belles-Lettres, et cette illustre Compagnie ne pouvant se l'attacher autrement, parce qu'il faisait sa résidence dans les états d'une puissance étrangère, l'avait mis, dès 1772, au nombre de ses associés étrangers. Ainsi M. de Sainte-Croix se trouvait placé dans des circonstances qui devaient lui assurer le bonheur qu'il est permis au vrai sage de désirer sur la terre, lorsque tout d'un coup il s'est vu jeté au sein d'une mer orageuse, et surpris par la plus violente tempête. Les plus belles années de sa vie, celles où il devait être heureux de la considération qu'il s'était si justement acquise, ainsi que des vertus et du bonheur de tout ce qui lui était cher, n'ont plus été qu'une succession non interrompue de scènes déchirantes. Dès le mois d'avril 1791, obligé de fuir avec toute sa famille devant l'armée des brigands sortis d'Avignon, il quitta sa maison paternelle, et n'y revint, quand un moment de calme eut succédé à ce premier orage, que pour être témoin des dégâts que les soldats de Jourdan y

avoient commis, et y attendre de nouveaux
malheurs. L'année suivante, 1792, jeté dans
une prison où il ne demeura que quelques
jours, et déjà ayant sous les yeux l'instru-
ment de son supplice, il parvint à s'évader de
Mormoiron le 4 octobre, et se rendit à Paris à la faveur d'un déguisement. Madame de
Sainte-Croix, dont le courage, la fermeté
d'ame, la présence d'esprit avaient lutté long-
temps contre toute la fureur des brigands, et
avaient sauvé les jours du père et des enfans,
aurait fini par être elle-même la victime de
son zèle, si, au moment où l'on allait exé-
cuter l'ordre donné de l'arrêter, elle ne se fût
échappée le 9 mars 1794 d'Avignon, où elle
s'étoit retirée après l'évasion de M. de Sainte-
Croix, et ne fût venue le joindre dans la ca-
pitale. La vengeance des scélérats privés de
leur proie, s'exerça sur les biens, la maison,
les livres, les papiers de l'homme estimable,
qui s'était soustrait à leur fureur : les biens
furent séquestrés, la maison livrée à un club,
les livres pillés, les papiers jetés au feu. Heureux cependant M. de Sainte-Croix, s'il n'a-
vait pas eu d'autres biens plus chers encore à
regretter ! Mais bientôt privé de ses deux fils,
il vit chacune de ses affections changée en
une source de chagrins cuisans, et ses yeux
ne purent plus s'arrêter sur rien de ce qui
l'entourait, sans y trouver quelques restes
échappés à un naufrage affreux, qui lui rap-
pelaient douloureusement des pertes irrépa-
rables. Sa fille, le seul enfant qui lui restait,
lui fut encore enlevée il y a trois ans, au moment où les plaies profondes qu'il portait,

commençaient à se cicatriser, et cette cruelle
blessure rouvrit toutes celles de son cœur.
Cependant, au milieu de ces tristes circonstances, fort de la paix de son ame, et par-
donnant aux auteurs de ses maux, parce
qu'il envisageait de plus haut tous les évène-
mens de la vie, il n'a jamais cessé de cher-
cher le soulagement dont il avait besoin,
dans la religion, l'étude et la société de
quelques amis, que sa simplicité jointe à
tant de talens, et la bonté de son cœur relevée par l'éclat de son génie, lui avaient in-
violablement attachés. Aussi, attaqué d'une
maladie cruelle qui sembla pendant plusieurs
mois ne point menacer son existence, et lui
préparer seulement une vieillesse pénible, il
a vu ces amis entourer constamment son lit
de douleur, et s'estimer heureux, lorsqu'ils
pouvaient le distraire un moment de ses souf-
frances, ou s'entretenir avec lui des travaux
dont il devait bientôt reprendre le cours.
Malheureusement leurs espérances ont été
trompées; M. de Sainte-Croix a été enlevé
à leur amitié le 11 mars 1809, et s'il leur reste
quelque consolation, c'est de penser que la
mort de l'ami qu'ils ont perdu, a excité un
concert unanime de regrets et de pleurs, et
que tous les hommes capables d'apprécier
les talens et les vertus, ont partagé leur juste
douleur.

   Le grand nombre et la variété des sujets
traités par M. de Sainte-Croix, suffisent pour
faire juger de l'étendue de ses connaissances.
La rectitude de son jugement se manifeste en
toute occasion par le choix des sujets aux-

quels il consacre ses recherches, l'heureux emploi qu'il fait de l'érudition, les rapports qu'il établit entre l'histoire ancienne et l'histoire moderne, la critique avec laquelle il pèse les témoignages, et les leçons qu'il sait tirer du passé. Son génie éclate souvent par de sublimes réflexions, des élans d'imagination toujours consacrés à l'honneur de la vertu ou à la censure du vice. Enfin, chacune de ses pages est empreinte de la bonté de son cœur et de la noblesse de ses sentimens.

Pour faire dignement l'éloge de M. de Sainte-Croix, il suffirait d'offrir aux lecteurs une liste exacte de ses travaux et une analyse de ses ouvrages. L'espace dans lequel nous devons nous renfermer, ne nous permet de faire ni l'un ni l'autre. Divers Journaux littéraires, tels que le *Journal des Savans*, le *Magasin Encyclopédique*, les *Archives Littéraires*, renferment un grand nombre de morceaux fournis par M. de Sainte-Croix, et qui auraient pu orner des recueils académiques. Les Mémoires de l'Académie des Belles Lettres, dont il fut un des plus zélés collaborateurs, contiennent un grand nombre de dissertations également intéressantes par leurs objets, et par la manière dont l'auteur les a traités. Les quatre tomes du Recueil de cette célèbre Académie, qui ne tarderont pas à paraître, feront jouir le public de plusieurs travaux de M. de Sainte-Croix. La classe d'Histoire et de Littérature ancienne de l'Institut, dont il était membre depuis le 8 pluviôse an 11, époque de la nouvelle organisation de ce Corps savant, lui doit aussi

quelques mémoires, et particulièrement des
recherches très-étendues sur le Tombeau de
Mausole et sur la chronologie des Rois de
Carie. Il travaillait, lorsque la mort l'a enlevé, à deux autres mémoires, l'un sur l'E-
gypte, l'autre sur l'Histoire de la Philosophie chez les Romains, et il était occupé depuis long-temps de recherches chronologiques sur la véritable époque de la naissance
de Jésus-Christ.

Ne pouvant entrer dans le détail de tous
les travaux de M. de Sainte-Croix, nous nous
contenterons d'indiquer ceux de ses ouvrages
qui sont d'un intérêt général et qui ont été
publiés séparément, et d'en donner une lé-
gère idée.

*Examen critique des anciens Historiens
d'Alexandre-le-Grand.* Paris 1775; seconde édition, Paris, an 13 (1804), 1 *vol.
in*-4.

Cet ouvrage, qui avait été couronné par
l'Académie des Inscriptions et Belles-Lettres
en 1772, commença à faire connaître aux
savans tout ce qu'ils pouvaient attendre des
talens de M. de Sainte Croix. Le célèbre auteur de la *Bibliotheca critica*, ne fut que
l'organe de l'opinion de tous les juges éclairés, en disant que l'on y admirait un jugement
fin, une critique exercée, une connaissance
approfondie de la chronologie et de la géographie, une éloquence toujours dictée par la
noblesse des sentimens et par l'élévation de
l'ame. L'auteur seul n'en était pas content.

« C'est, écrivait-il au moment où il s'occu-
» pait d'en faire une seconde édition, le moins
» mauvais des ouvrages que j'ai publiés; il
» était le fruit de cinq années de travail, et
» il eut plus de succès que je ne m'y atten-
» dais, surtout chez l'étranger. Cependant que
» de retranchemens, d'additions, de change-
» mens et de corrections ne serai-je pas obligé
» d'y faire dans la nouvelle édition que je
» prépare ! je ne le regarde que comme un
» essai dont il est possible de faire un bon ou-
» vrage ». Elle a paru cette seconde édition,
à la tête de laquelle on aime à lire, entre le
jugement que M. de Sainte-Croix porte de
son premier travail, et le compte qu'il rend
de ce qu'il a fait pour que le second fût *plus
digne des éloges du public*, ces mots atten-
drissans d'une éloquence qui naît du cœur :
« La Divine Providence m'ayant fait échapper
» au fer des assassins et aux autres périls de
» la révolution, par le courage et le dévoue-
» ment de la personne chère à mon cœur, sur
» laquelle repose le bonheur de ma vie, et qui
» en adoucit toutes les amertumes, j'ai cher-
» ché à effacer de ma mémoire de cruels sou-
» venirs, en me livrant sans réserve et avec
» ardeur à mes premiers travaux. » L'auteur
annonce lui-même que c'est moins une nouvelle édition qu'il publie, qu'un nouvel ouvrage sur le même sujet, et en adoptant ce
jugement, on peut dire, sans crainte d'être
désavoué, que ce nouvel ouvrage a honoré
la nation et le siècle auxquels il appartient,
qu'il a offert un modèle qu'il sera toujours
difficile d'imiter ; enfin, qu'il a irrévocable-

ment marqué la place de son savant auteur
parmi les grands hommes qui ont le mieux
mérité de la science historique. « Si, dit M.
» Wyttenbach, littérateur bien digne d'appré-
» cier M. de Sainte-Croix, nous ne sommes
» pas toujours de l'avis de l'auteur, nous osons
» cependant affirmer, qu'il a parfaitement
» rempli toutes les conditions requises pour
» bien écrire l'histoire. La richesse des ma-
» tériaux mis en œuvre est telle qu'il paraît
» impossible d'y rien ajouter, et qu'on peut
» regarder cet ouvrage comme le trésor de
» l'histoire d'Alexandre : rien de ce qui a trait
» à ce héros, n'y est oublié ; lieux, temps, per-
» sonnages, faits, monumens des arts, évé-
» nemens, circonstances, écrivains, tout y
» est rappelé ; ce n'est pas tout ; dans cette ga-
» lerie d'auteurs de tous les siècles qui pas-
» sent comme en revue, on a eu soin de faire
» remarquer les genres de mérite et les dé-
» fauts qui caractérisent chaque siècle, cha-
» que époque. Toute cette masse est, pour
» ainsi dire, animée par un esprit qui la vivi-
» fie, et qui porte, dans toutes ses parties,
» l'ordre, la critique, l'ensemble, le senti-
» ment du grand et du beau, le respect reli-
» gieux des devoirs de l'historien, une no-
» blesse de style et une éloquence dignes des
» pensées et des sentimens. Puisse, ajoute-t-
» il, l'estimable et savant écrivain conserver
» encore pour la nouvelle édition qu'il pré-
» pare, de ses Recherches sur les mystéres du
» Paganisme, l'application à l'étude, la vi-
» gueur de l'esprit et du corps, le repos et
» tous les avantages extérieurs dont il a fait

» un si bon usage en les consacrant à cette
» Histoire d'Alexandre. »

*L'Ezour-Vedam, ou Ancien Commentaire
du Vedam, contenant l'exposition des
opinions religieuses et philosophiques des
Indiens.* Yverdon, 1778, 2 *vol. in*-12.

M. de Sainte-Croix, en publiant l'*Ezour-
Vedam*, et en mettant à la tête des observations préliminaires, s'était proposé de mon-
trer combien est douteuse l'antiquité si van-
tée des dogmes religieux et des livres sacrés
des Indiens. Dans le temps que l'Ezour-Vedam parut, l'authenticité de ce livre fut con-
testée et défendue. Elle a encore été attaquée
à une époque plus récente, par le Père Pau-
lin de Saint-Barthelemy. M. de Sainte-Croix
avait renoncé à tout projet de donner une
seconde édition de l'*Ezour-Vedam*, et de
profiter, pour enrichir ses observations, des
travaux des savans anglais; il se proposait
néanmoins de répondre à la critique trop peu
modérée du Missionnaire, mais il n'a point
exécuté ce dessein.

*De l'Etat et du sort des Colonies des An-
ciens Peuples.* Philadelphie, 1779, 1 *vol.
in* - 8.

L'auteur, toujours sévère quand il s'agis-
sait de ses propres ouvrages, jugeait celui-
ci peu favorablement: « Cependant, écrivait-
» il lui-même, on y remarque quelques ob-
» servations dignes d'attention; telle est sur-

» tout celle que j'ai faite sur le prétendu
» article du traité conclu entre Gélon et les
» Carthaginois, concernant les sacrifices hu-
» mains, et dont Montesquieu a fait honneur
» au maître de Syracuse; telles sont aussi
» plusieurs réflexions dont la Révolution fran-
» çaise n'a que trop prouvé la vérité. » Pour
nous, nous croyons devoir souscrire au jugement du savant Wyttenbach, qui voit, dans
ce traité, non une compilation informe ou
une connaissance superficielle des choses,
mais une science profonde et exercée de
l'histoire ancienne, et un talent heureux à
en faire une sage application ; et nous dirons
avec M. Boissy d'Anglas, qui a si bien appré-
cié le mérite de M. de Sainte-Croix : « Ici,
» son génie nous retrace le sort des colonies
» des anciens peuples; il développe avec une
» grande méthode les vrais principes qui doi-
» vent régir ces institutions sociales, et en
» exposant avec clarté comment leurs fonda-
» teurs les y appliquèrent, il offre à-la-fois
» pour l'avenir et de mémorables exemples
» et de judicieuses leçons. »

*Observations sur le Traité de paix conclu
en 1763, entre la France et l'Angleterre.*
Yverdon, 1782, 1 *vol. in-12.*

La France et l'Angleterre étaient sur le
point de terminer la guerre, dont l'indépen-
dance des Etats-Unis de l'Amérique avait été
la cause. M. de Sainte-Croix voulut éclairer
la première de ces puissances sur ses vérita-
bles intérêts. Pour y réussir, il montra com-

bien étaient humiliantes et oppressives les conditions auxquelles on l'avait obligé de souscrire en 1763, et combien on trouvait de fautes graves et d'une dangereuse conséquence dans la rédaction des principaux articles du traité conclu en cette année.

Un extrait de ces observations a été donné de nouveau, dans la seconde édition de l'*Histoire des progrès de la puissance navale de l'Angleterre*, dont nous parlerons plus bas.

Mémoires pour servir à l'Histoire de la Religion secrète des anciens peuples, ou Recherches historiques sur les Mystères du Paganisme. Paris, 1784, 1 *vol. in-8.*

Ce traité est dû, comme l'Examen critique des Historiens d'Alexandre, à un concours proposé par l'Académie des Belles-Lettres. M. de Sainte-Croix, qui s'était occupé depuis longtemps de recherches sur les mystères du Paganisme, ne pouvait trouver une occasion plus favorable de faire usage des matériaux qu'il avait rassemblés sur une question également obscure et curieuse, que le sujet proposé pour le prix de la Saint-Martin 1777, et qui consistait à faire connaître les noms et les attributs de Cérès et de Proserpine, l'origine et la raison de ces attributs, enfin, le culte de ces Divinités. M. de Sainte-Croix, préparé par la direction de ses études à traiter ce point d'antiquité, entrait avec un grand avantage dans la lice, et l'Académie, en couronnant un travail aussi profond et aussi sage que celui de son savant associé, dut s'applaudir du sujet de prix qu'elle avait choisi. Le Mémoire couronné, augmenté de nouveaux développemens, produisit l'ouvrage dont il s'agit, qui parut en 1784. Jetons un voile sur les désagrémens qu'attira à l'auteur de ces Recherches sa trop grande confiance dans un savant plus érudit que judicieux, qui s'était chargé de l'édition de cet ouvrage, et oublions des torts que M. de Sainte-Croix avait lui-même oubliés. Ce Traité fut traduit en allemand en 1790, et le traducteur supprima toutes les additions que l'auteur avait désavouées. «Ainsi, disait M. de Sainte-Croix, » mon ouvrage existe plutôt en allemand » qu'en français. Depuis sa publication en » 1784, ajoutait-il, j'avais fait de nouvelles » recherches et rassemblé beaucoup de notes, » pour en donner une édition plus ample et » plus correcte; mais tous ces matériaux ont » été brûlés ou jetés au vent par les soldats » de Jourdan, qui s'emparèrent de ma mai-» son paternelle, et m'en chassèrent en 1791. » Je travaille, autant que ma position et ma » santé me le permettent, à réparer cette » perte, afin de mettre au plutôt sous presse » cette nouvelle édition. M. de V.... a telle-» ment altéré et coupé la précédente, qu'il » est bien difficile de saisir les résultats et les » conséquences favorables aux bons principes, » que doivent naturellement produire mes » recherches. Cet éditeur ne s'en est pas » même douté, et n'a vraisemblablement pris » mon travail que pour un vain étalage d'é-» rudition.... »

Pour satisfaire aux vœux de tous les hommes

mes qui s'intéressent aux progrès des Lettres et à la mémoire de M. de Sainte-Croix, nous annonçons qu'un exemplaire de la première édition de cet ouvrage, chargé de corrections, de ratures et d'additions, se trouve parmi les manuscrits qu'a laissés ce savant, et que l'homme de lettres, son confrère et son ami, auquel il a légué tous ses travaux manuscrits, se fera un devoir de répondre à cette confiance honorable, en faisant jouir le public, le plutôt possible, de cette seconde édition.

Histoire des Progrès de la Puissance navale de l'Angleterre. Yverdon, 1782 ; deuxième édition, Paris, 1786, 2 *vol. in*-12.

M. de Sainte-Croix n'avait d'abord eu intention que d'examiner l'Acte de navigation, et les conséquences qu'il a eues pour l'augmentation de la puissance navale de l'Angleterre. Cet examen l'ayant obligé à considérer l'état de la marine anglaise avant et après cet acte, contre lequel les publicistes déclamaient sans en avoir pésé, avec une juste impartialité, les motifs et les conséquences, il conçut et exécuta rapidement l'idée d'écrire l'Histoire des progrès de la puissance navale de l'Angleterre.

La première édition de cet ouvrage, quoique faite avec précipitation, eut beaucoup de succès, et il s'en fit même plusieurs contrefaçons. L'auteur, qui se reprochait d'avoir, par complaisance pour l'éditeur, livré son travail à l'impression avant de s'être procuré tous les matériaux dont il auroit eu besoin

pour le compléter, et qui, d'ailleurs, comme
il le dit lui-même, se reconnoissait à peine
dans son ouvrage, défiguré par une multitude
de fautes d'impression, céda facilement au
désir d'en donner une nouvelle édition plus
complète et travaillée avec plus de soin, et
la publia effectivement en 1786. On sera bien
aise d'apprendre de lui-même tout ce qu'il
fit pour améliorer son premier travail, qu'il
ne regardait que comme un essai, et ce qu'il
pensait de la seconde édition.

« Etant venu à Paris, dit-il, je demandai
» au Maréchal de Castries, alors Ministre de
» la Marine, l'entrée au dépôt de ce minis-
» tère. Ma demande me fut accordée avec
» beaucoup de grace et de facilité. Quoique je
» n'usasse pas de cette permission autant que
» je l'aurais dû, cependant je tirai de ce dé-
» pôt plusieurs écrits importans, entre autres,
» des lettres du Maréchal de Tourville, que
» je fis imprimer parmi les pièces justificatives
» de ma nouvelle édition; elles n'en sont pas
» le moindre ornement. L'ouvrage fut corrigé,
» fort augmenté et presque entièrement refait;
» je soignai beaucoup le style, et je m'efforçai
» de lui donner une rapidité et une concision
» qui frappèrent même les connaisseurs. Je
» n'oubliai rien pour faire passer dans notre
» langue, sans affectation de néologisme,
» bien des termes nécessaires à la description
» des évolutions navales, et qui, jusques-là,
» n'avaient été d'usage que dans les journaux
» des marins. Je fis de grands efforts pour
» être non-seulement clair, mais même in-
» telligible aux personnes les moins instruites

» des choses relatives à la marine; mais ce
» qui me coûta le plus, ce fut de concilier
» les récits toujours opposés des Puissances
» belligérantes. M. Mallet-du-Pan me repro-
» cha dans le Mercure, d'avoir présenté
» toutes les actions sous un jour trop favora-
» ble aux Français, et manqué d'impartialité
» envers les Anglais. Ce reproche n'est pas
» absolument dénué de quelque fondement;
» mais si j'ai cru devoir ménager mes conci-
» toyens, afin d'empêcher qu'ils ne tirassent
» des faits que je rapportais des résultats dé-
» courageans, du moins me suis-je exprimé
» de manière à manifester la vérité aux per-
» sonnes clairvoyantes. Du reste, la critique
» de M. Mallet-du-Pan porte à faux sur plus
» d'un objet. Après avoir écrit une réponse
» à cette critique, je la supprimai comme inu-
» tile, craignant d'ailleurs qu'elle ne fît quel-
» que peine à cet homme estimable. On n'a
» point assez fait attention à la hardiesse coura-
» geuse avec laquelle je parlai de divers événe-
» mens encore récens, et dont on n'avait rendu
» compte jusques-là qu'en termes de gazetier.
» Des observations sur l'Acte de navigation
» terminent le premier volume, le second est
» terminé par des observations sur le Traité
» de paix de 1763. Ces dernières sont extraites
» de l'écrit sur le même sujet, que j'avais pu-
» blié précédemment; j'y ai fait des change-
» mens et des additions. Les unes et les autres
» ne sont pas à mépriser, j'ose me le persua-
» der. Ayant eu beaucoup de goût pour la
» marine dès mon enfance, peut-être me suis-
» je fait illusion sur cet ouvrage; il me sem-

» blait, en y travaillant, reconnaître *veteris*
» *vestigia flammæ*. Cette édition n'eut pour-
» tant aucun succès..... Sont-ce quelques er-
» reurs que renferme l'ouvrage, celle, par
» exemple, de faire assister le fameux André
» Doria à la bataille de Lépante, tandis qu'il
» était mort, et que ce fut son neveu qui s'y
» trouva; ou celles qui me sont échappées
» relativement à Jean Sans - Terre, ou à
» MM. de Kersaint, que je suppose noyés
» avec leur père, quoiqu'ils fussent encore
» pleins de vie, etc. sont-ce, dis-je, de pa-
» reilles négligences qui ont rendu le public
» indifférent pour ce livre ? Non, sans doute,
» le public passe bien d'autres bévues, sans en
» savoir mauvais gré aux auteurs. Voici donc
» la véritable cause de cet oubli ou de ce
» dédain de sa part. Des libraires avides,
» frappés du titre de mon ouvrage lorsqu'il
» parut la premiere fois, en firent plusieurs
» contrefaçons dont ils tirèrent un grand
» nombre d'exemplaires : les boutiques en
» regorgèrent, et le public, le jugeant sévé-
» rement, ne put se persuader que la seconde
» édition fût un ouvrage plus digne de son
» attention, que ce qui passait pour être la
» première édition. D'ailleurs, la paix était
» faite avec l'Angleterre depuis trois ans, et
» l'on ne s'occupait plus de marine ni d'actions
» navales. C'est bien le cas de dire avec Mar-
» tial : *habent sua fata libelli.* »

Nous n'avons pu résister au plaisir de copier
ce morceau en entier. Il respire toute la simplicité, la franchise, la candeur de M. de
Sainte-Croix. On croit entendre ce savant ou-

vrir son cœur à un ami, et parler de lui-même,
comme il eût parlé d'un étranger, dans une
conversation libre et confidentielle.

*Des Anciens Gouvernemens fédératifs et de
la Législation de Crète.* Paris, an 7 (1798),
1 *vol in*-8.

Cet ouvrage est formé de la réunion de
deux mémoires que M. de Sainte-Croix avait
lus à l'Académie des Belles-Lettres, peu de
temps avant la suppression de cette Compagnie. Le premier et le plus important des
deux, a pour objet de prouver que la Grèce
n'eut jamais de constitution fédérative avant
la ligue des Achéens ; le second fait connaître l'origine des Crétois, leur législation et le
rapport des institutions de Sparte avec celles
de Crète : l'un et l'autre sont accompagnés
de divers éclaircissemens, où l'auteur traite
plusieurs points de critique et d'histoire avec
son érudition et sa sagesse ordinaires. Lorsque ce beau travail parut, la France respi-
rait à peine, et la fureur des partis était mal
éteinte. Les Sciences et les Lettres n'osaient
point encore se promettre un avenir plus
heureux. « Pourquoi donc, se demandait à
» lui-même M. de Sainte-Croix, me hasardé-
» je à publier un nouvel ouvrage ? C'est, ré-
» pondait-il, qu'au milieu des plus sinistres
» présages, on tient encore à l'objet de ses
» affections journalières, et que l'espérance
» ne délaisse pas l'homme même qui cherche
» à lui fermer son cœur ; d'ailleurs, ajoutait-il,
» je ne puis, sans ingratitude, déserter la car-
» rière des Lettres, auxquelles je dois une

» consolation salutaire dans ces jours d'amer-
» tume et de douleur. »

Quelques personnes crurent apercevoir
dans l'ouvrage de M. de Sainte-Croix des in-
tentions contraires au Gouvernement, ou du
moins à ce que l'on honorait alors de ce nom.
« Cela est faux, écrivait ce savant, j'ai laissé
» parler les faits, et ce n'est pas ma faute s'ils ne
» s'accordent pas avec les idées de certaines
» personnes. Les réflexions dont ces faits sont
» accompagnées, viennent du sujet, ne tien-
» nent à aucun système, et n'ont pas été
» écrites pour favoriser un parti. Quelques
» personnes même m'ont reproché d'avoir
» montré du penchant pour les Républiques.
» Voilà ce qui arrive quand on publie des ou-
» vrages dans des temps de troubles et de
» factions, où l'impartialité est un phéno-
» mène si rare que l'on refuse d'y croire. »

Les lecteurs éclairés n'hésiteront pas à
mettre cet ouvrage de M. de Sainte-Croix,
au nombre de ceux qui réunissent, à l'érudition et à la critique, des vues sages et profondes, et qui placent l'auteur parmi les publicistes les plus estimables. Quand on se re-
porte à l'époque où ce volume parut, on ne
peut s'empêcher de savoir gré à M. de Sainte-
Croix du courage avec lequel il présenta la
vérité, et rappela les hommes de Lettres à la
noblesse et à la sainteté de leur ministère.

Nous passons sous silence plusieurs autres
ouvrages composés par M. de Sainte-Croix,
tels que *Les Éloges de M. l'Abbé Poule, du
Cardinal de Bernis, de D. Clément, de
M. l'Abbé Barthélemy*, des Mémoires *sur*

une nouvelle édition des Petits Géographes Grecs, sur le cours de l'Araxe et du Cyrus; des Pensées sur la Providence; plusieurs tables importantes dans le *Voyage du Jeune Anacharsis, etc. etc.* parce que nous ne pourrions en donner ici le détail, sans dépasser les bornes que nous nous sommes imposées. Nous finirons donc en disant que peu d'hommes de Lettres ont égalé M. de Sainte-Croix, pour la pureté des vues, l'activité la plus infatigable, l'étendue des connaissances, l'art de les employer utilement; mais qu'aucun ne l'a surpassé pour les qualités qui font le citoyen estimable, le chrétien fidèle, le vrai philosophe, l'ami tendre et sincère. Il laisse de longs regrets et un souvenir éternel.

Le public sera peut-être étonné que la bibliothèque d'un savant, dont les écrits annoncent la connaissance la plus vaste de la littérature ancienne et moderne, n'offre pas une collection plus considérable; mais cet étonnement cessera, si l'on fait réflexion que celle que M. de Sainte-Croix avait formée à grands frais pendant plus de vingt années, a été, comme toutes ses propriétés, abandonnée au pillage, et livrée à toutes les causes de destruction, et que les pertes de tout genre qu'il avait souffertes, ne lui ont point permis d'en créer une nouvelle telle que ses travaux l'eussent exigé. Placé au centre des plus riches dépôts publics et particuliers, il suppléait facilement à ce qui lui manquait en ce genre, et comme il n'estimait les choses que par leur utilité réelle, il était moins sensible à cette privation que ne le sont ordinairement les hommes de Lettres. Au surplus, le choix des livres qui forment la bibliothèque de M. de Sainte-Croix, répond à la variété de ses connaissances, et atteste la solidité de ses principes.

SILVESTRE DE SACY.

CATALOGUE

2. S. le 2ᵈ ✴ B. les deux.

4. Barnouin.

CATALOGUE
DES LIVRES
DE FEU
M. GUILHEM DE CLERMONT
DE SAINTE-CROIX.

THÉOLOGIE.

Versions de l'Ecriture Sainte, etc.

1 Prolegomena in scripturam sacram, auct. Car. Fr. Houbigant. *Parisiis*, 1753, 2 *tom.* en 1 *vol. in-4. bas.* . . . .

2 Introductio in libros sacros veteris fœderis, à Joan. Jahn. *Viennæ*, 1804, *in-8. bas.* == Archæologia Biblica in compendium redacta, à Joan. Jahn. *Viennæ*, 1805, *in-8. bas.* . . . .

3 Briani Waltoni in Biblia Polyglotta prolegomena. Præfatus est D. Jo. Aug. Dathe. *Lipsiæ*, 1777, *in-8. demi-rel.* . . . .

4 Oratio dominica CL linguis versa et propriis cujusque linguæ characteribus plerumque expressa, edente J. J. Marcel. *Parisiis, typ. Imperial.* 1805, *in-4. cart.* . . .

A

5 Vetus Testamentum græcè. *Cantabrigiæ*, 1665, 2 *vol. in-12. v. b.*

6 Vetus Testamentum græcum, edid. Lamb. Bos. *Franequerae*, 1709, 2 *vol. in-4. v. m. fig.*

7 Nova versio græca Pentateuchi, ex unico S. Marci Bibl. codice veneto, nunc primum edidit Christ. Frid. Ammon. *Erlangæ*, 1790, 3 *vol. in-8. demi-rel.*

8 Psalterium Davidis gr. *Parisiis*, 1786, *in-12. demi-rel.* = Le Psautier en françois, trad. par Laharpe. *Paris, an 6, in-12. bas.* = Harmonie des Pseaumes et de l'Evangile, par Pluche. *Paris*, 1768, *in-12. v. j.*

9 Nova versio græca proverbiorum, ecclesiastis, etc. græcè, à J. B. Casp. d'Ansse de Villoison. *Argentorati*, 1784, *in-8. bas. Ch. Mag.*

10 Gott. Wernsdorffii commentatio historico-critica de fide historica librorum Maccabaicorum. *Wratislaviæ*, 1747, *in-4. demi-rel.*

11 Auctoritas utriusque libri Maccabæorum canonico-historica adserta et Froelichiani annales Syriæ defensi. *Viennæ Austriæ*, 1749, *in-4. demi-rel.*

12 Contra historiam Aristeae de Septuag. interpretibus dissert. per Humfredum Hody. *Oxon.* 1685, *in-8. vel.*

13 Jo. Christ. Biel novus thesaurus philologicus, sive lexicon in LXX et alios interpretes veteris Testamenti, gr. et lat. edidit E. H. Mutzenbecher. *Hagæ-Comit.* 1779, 3 *vol. in-8. bas.*

14 Lexici in interpretes græcos vet. Testa-

6. Del. ma

10. S.

11. S.

13
14) S. *

19. B.

23. B.
24. S. * B.
25. Del.

menti, gr. et lat. edidit Car. G. Bretsch-
neider. *Lipsiæ*, 1805, *in-8. br.*

15 Novum Testamentum græcè. *Lugd. Bat.
ex offic. Elzeviriorum*, 1633, *in-12. m. r. l. r.* ... 7 #

16 Novum Testamentum græcè, *Oxonii*,
1675, *in-8. v. b.* ... 2 .... 60.ᶜ

17 Novum Testamentum, gr. et lat. edente
Joan. Leusden. *Amstelod.* 1698, *in-12.
bas.* = Georg. Pasoris lexicon græco-lat,
Novi Testamenti. *Herbornæ*, 1663, *in-8.
v. b.* ... 1 .... 50 ...

18 Novum Testamentum græcum, studio
Joan. Millii, edente Ludolp. Kustero. *Lipsiæ*, 1746, *in-fol. v. m.* ... 11 .... 50 .. D

19 Novum Testamentum græcum, curâ Herm.
Goldhagen. *Moguntiæ*, 1753, *in-8. v. m.* ... 2 ..... D

20 Novum Testamentum græcè. *Oxonii*,
1763, *in-8. v. m.* ... 5 .... 5.

21 Novum Testamentum, græcè, ad codices
Mosquenses, recensuit Christ. Frid. de Matthæi. *Wittembergæ*, 1803, *in-8. bas.* Tomus
primus. ...

22 D. Pauli Epistolæ ad Romanos, etc. gr. et
lat. varias lectiones ex codd. MSS. Mosqq.
animadvers. criticas adjecit Christ. Frid.
Matthæi. *Rigæ*, 1785, 5 *vol. in-8. demi-rel.* } 3 ....

23 Epistolarum Catholicarum septenarius,
græcè, operâ Joan. Bened. Carpzou. *Halæ*,
1790, *in-8. demi-rel.* ... 1 .... 50 D

24 Novum lexicon gr. lat. in Novum Testamentum, congessit Jo. Fried. Schleusnèr.
Lipsiæ, 1801, 2 *vol. in-8. vel.* ... 7 .... D

25 Biblia Sacra vulgatæ editionis. *Coloniæ
Agrip.* 1666, 8 *vol. in-12. v. b.* ... 6 .... D

26 Biblia Sacra latina, cum annot. Franc. Vatabli. *Parisiis*, 1729, 2 *vol. in-fol. bas.*

27 La Sainte Bible, trad. par le Maistre de Sacy. *Paris*, 1742, 3 *vol. in-12. v. m.*

28 La Sainte Bible, trad. en françois par les pasteurs de l'église de Genéve. *Genéve*, 1805, 3 *vol. in-8. bas.*

29 Morceaux choisis des Prophétes, trad. par Champion de Nilon. *Paris*, 1777, 2 *vol. in-12. bas.*

30 Histoire évangélique confirmée par la judaïque et la romaine, par D. Paul Pezron. *Paris*, 1696, 2 *vol. in-12. v. porph.*

31 Diatessaron : sive integra historia Domini Nostri Jesu-Christi, græcé, edidit J. White. *Oxonii*, 1800, *in-8. vel.*

Commentateurs de l'Ecriture Sainte, etc.

32 La Sainte Bible en lat. et en françois, avec des notes, par Dom August. Calmet, l'abbé de Vence, etc. *Paris*, 1767, 17 *vol. in-4. fig. bas.*

33 La Sainte Bible, avec un commentaire littéral, (par Charles Chais). *La Haye*, 1743, 8 *vol. in-4. demi-rel.*

34 Hug. Grotii annotata ad Vetus Testamentum. *Lut. Paris.* 1644, 3 *vol. in-fol. v. f. Ch. Mag.*

35 Explication de la Genése, (par Duguet). *Paris*, 1732, 6 *vol. in-12. v. b.*

36 Liber Psalmorum, cum notis J. Benig. Bossuet. *Lugduni*, 1691, *in-8. m. r. l. r.* — Libri Salomonis, proverbia, etc. cum notis Jac. Benig. Bossuet. *Parisiis*, 1693, *in-8. m. n. l. r.*

31. S. * Del.

34. S.

37 Dissertations sur les Pseaumes, par Jac.
Ben. Bossuet, trad. par le Roi. *Paris*, 1775,
in-12. v. m. = Sermons de Sherlock, trad.
par le P. Houbigant. *Lyon*, 1768, *in-12. bas.* - -

38 Les Pseaumes trad. en franç. avec des notes
et des réflexions; par le P. G. F. Berthier.
Paris, 1785, 8 *vol. in-12. v. m.* - - - -

39 Essai d'un Commentaire sur les Prophètes,
par D. Paul Pezron. *Paris*, 1693, *in-12.
v. b.* - - - - - - - -

40 Commentarius in librum prophetiarum
Jesaiæ, curâ et studio Campegii Vitringa.
Basileæ, 1732, 2 *vol. in-fol. vél.* - - -

41 Isaie trad. avec des notes, par le P. G. F.
Berthier. *Paris*, 1788, 5 *vol. in-12. v. m.* - -

42 Vaticinia Chabacuci et Nachumi itemque
nonnulla Jesaiæ, Micheæ et Ezechielis
oracula, etc. auct. Kalinsky. *Uratislaviæ*,
1728, *in-4. demi-rel.* - - - - -

43 Dan. Heinsii exercitationes sacræ ad Nov.
Testamentum. *Lugd. Bat.* 1639, *in-fol. v. f.* - -

44 Eliæ Palairet observationes philologico-
criticæ in sacros Novi Fœderis libros. *Lugd.
Bat.* 1752, *in-8. cart.* - - -

45 Joan. Maldonati comment. in quatuor
evangelistas. *Lugduni*, 1682, *in-fol. v. b.* -

46 Corn. Jansenii commentarius in evangelia.
Lut. Par. 1688, *in-4. v. b.*

47 Méditations sur l'Evangile, par Bossuet.
Paris, 1731, 4 *vol. in-12. v. b.* = Elévations
à Dieu, par le même. *Paris*, 1727, 2 *vol.
in-12. v. b.*

48 Explication des Evangiles des dimanches,
par C. G. de la Luzerne, ancien évêque de
Langres. *Lyon*, 1807, 5 *vol. in-12. bas.* - -

49 Jo. Lud. de la Cerda adversaria Sacra.
Lugduni, 1626, *in-fol. v.*

50 Th. Crenii opuscula quæ ad Historiam ae
Philologiam Sacram spectant. *Roterodami*, 1693, 13 *vol. in-12. vel.*

51 Traité de la situation du Paradis terrestre,
par P. Dan. Huet. *Paris*, 1691, *in-12. v. b.*

52 Delphi Phœnicizantes, sive tractatus in
quo Graecos, quidquid apud Delphos cele-
bre erat, è scriptis sacris effinxisse osten-
ditur, auct. Edm. Dickinsono. *Francof.*
1669, *in-12. v. b.*

53 Had. Relandi de spoliis templi Hierosolymitani in arcu Titiano Romæ conspicuis lib.
sing. *Traj. ad Rhen.* 1775, *in-12. fig. bas.*
═ Imperium Babylonis et Nini ex monumentis antiquis, auct. Frid. Schroeero.
Francof. 1726, *in-12. bas.*

54 Abrah. Trommii concordantiæ græcæ ver-
sionis septuaginta interpretum, edid. Bern.
de Montfaucon. *Amst.* 1718, 2 *vol. in-fol. v. b.*

55 Sacrorum Bibliorum Concordantiæ. *Coloniæ Agripp.* 1684, *in-8. v. b.*

56 Dictionnaire histor. de la Bible, par Dom
Aug. Calmet. *Toulouse*, 1783, 6 *vol. in 8. bas.*

Liturgies, Conciles et Saints-Pères.

57 Breviarium Parisiense. *Parisiis*, 1745, 4
vol. in-12. m. n.

58 Le Psautier distribué. *Paris*, 1786, *in-18.*
m. viol.

59 L'Office de la Semaine Sainte, à l'usage
de Rome et de Paris. *Paris*, 1753, *in-18.*
m. r. ═ La Journée du Chrétien sanctifiée
par la priére. *Paris*, *in-18. v. m.*

61. B.

67. S.

6g. S.

60 Paradisus animæ christianæ, stud. Jac. Merlo Horstii. *Colon. Agrip.* 1732, *in-8. fig. v. f.* — — — — — — — — — —   *4 · · · 95.ᶜ*

61 Canones et decreta concilii Tridentini. accedunt notæ ab eruditis et præsertim cardin. Lanfredini. *Romæ,* 1763, *in-8. vél.* — — —   *2 · — — D*

62 SS. Patrum qui temporibus apostolicis floruerunt opera, gr. et lat. ex vers. J. B. Cotelerii. *Antverp.* 1700, 2 *vol. in fol. v. b.* — — —   *6 · —*

63 Spicilegium SS. Patrum ut et hæreticorum seculi post Christum natum I. II. III. gr. et lat. recens. Joan. Ern. Grabe. *Oxoniæ,* 1714, 2 *tom. en* 1 *vol. in-8. demi-rel.* — — — —   *1 · · · · 50.*

64 SS. Patrum opera polemica de veritate religionis christianæ contra gentiles, et judæos, gr. et lat. *Wirceburgi,* 1777, 6 *vol. in-8. bas.* — — — — — — — — — —   *13 · · · · 20 · · ·*

65 Joan. Caspari Suiceri thesaurus ecclesiasticus, è patribus græcis excerptus, gr. et lat. *Amst.* 1682, 2 *vol. in-fol. v. f.* — — — —   *8 · · · 5.*

66 Ecclesiæ græcæ monumenta, gr. et lat. cum notis J. B. Cotelerii. *Lut. Paris.* 1677, 3 *vol. in-4. v. b.* — — — — — — —   *6 · · · 5 · · ·*

67 Analecta græca, sive varia opuscula græca hactenus non edita, (stud. Ant. Pouget, Jac. Lopin et Bern. Montefalconii). *Parisiis,* 1688, *in-4. v. f.* — — — — — — —   *2 · · · 95 D*

68 Collectanea monumentorum veterum Ecclesiæ græcæ et latinæ, gr. et lat. stud. Laur. Alex. Zacagnii. *Romæ,* 1698, *in-4. v. b.* —   *2 · · · · 20 · · ·*

69 Iter et Diarium Italicum D. Joan. Mabillon, et Mich. Germain. *Lut. Paris.* 1687, 2 *vol. in-4. v. b.* — — — — — — —   *2 · · · · · · · D*

70 Chrestomathia patristica græca, gr. et lat.   *4 · · · · 85 · ·*

edidit Joh. Frid. Burgius. *Uratislaviæ*, 1756, 2 *vol. in-8. demi-rel.*

71 Bibliothèque portative des Pères de l'Eglise, (par Tricalet). *Paris*, 1758, 7 *vol. in-8. v. m.*

72 Jugement des Saints Pères sur la morale de la philosophie payenne, (par le P. Baltus). *Strasbourg*, 1719, *in-4. v. m.* = Défense des Saints-Pères accusés de platonisme, par le même. *Paris*, 1711, *in-4. v. b.*

73 Philonis Judæi opera, gr. et lat. *Lut. Parisior.* 1640, *in-fol. v. b.*

74 Chrestomathia Philoniana, sive Loci illustres de Philone Alexand. græcè, cum animadvers. Joan. Christ. Guil. Dahl. *Hamburgi*, 1800, 2 *vol. in-8. demi-rel.*

75 S. Dionysii Areopagitæ opera, græcè. *Parisiis*, *Morellius*, 1562, *in-8. v. b.* = S. Augustini confessiones. *Coloniæ*, 1646, *in-12. v. b.*

76 Polycarpii et Ignatii epistolæ, gr. et lat. edent. Jac. Usserio. *Oxonii*, 1644, *in-4. v. b.*

77 Sancti Justini opera, gr. et lat. stud. Monach. ord. Sancti Benedicti. *Parisiis*, 1742, *in-fol. v. b.*

78 Tatiani oratio ad Graecos, gr. et lat. ex recens. Wilh. Worth. *Oxoniæ*, 1700, *in-8. bas.*

79 Athenagoræ Legatio pro Christianis, gr. et lat. curâ Edv. Dechair. *Oxoniæ*, 1706, *in-8. v. b.*

80 Theophili episcopi Antiocheni libri tres ad Autolycum, gr. et lat. stud. Christ. Wolfii. *Hamburgi*, 1724, *in-8. v. f.*

81 Sancti Irenæi opera, gr. et lat. stud. Ren.
Massuet. *Parisiis*, 1710, *in-fol. v. b.* . . . . .   7 … 20

82 Sancti Clementis Alexandrini opera, gr. et
lat. ex recognitione Joan. Potteri. *Venetiis*, 1757, 2 *vol. in-fol. bas.* . . . . . .   10 …

83 S. Hippolyti opera, gr. et lat. curante
Joan. Alb. Fabricio. *Hamburgi*, 1716, *in-
fol. v. b.* . . . .   6 …

84 M. Minucii Felicis Octavius, cum notis
variorum. *Lugd. Bat.* 1672, *in-8. v. b.* . . . .   1 … 50

85 M. Minucii Felicis Octavius, cum præfat.
J. Aug. Ernesti. *Longosalissæ*, 1773, *in-8.
demi-rel.* = Salviani et Vincentii Lirinensis
opera, stud. Steph. Baluzii. *Parisiis*, 1684,
in-8. v. b. . . . .   2 … 15 .

86 Q. S. Fl. Tertulliani opera, edente Nic.
Rigaltio. *Parisiis*, 1675, *in-fol. v. b.* . . . .   2 …

87 Q. S. Flor. Tertulliani apologeticus, stud.
Sig. Havercampi. *Lugd. Bat.* 1718, *in-8.
fig. demi-rel.* = L'Apologétique de Ter-
tullien, trad. par l'abbé de Gourcy. *Paris*,
1780, *in-12. bas.* . . . .   12 … 85

88 Q. Sept. Florentis Tertulliani liber de Pal-
lio, (ex recens. Claudii Salmasii). *Lugd. Bat.*
1656, *in-8. bas.* . . . .   2 …

89 Sancti Gregorii Thaumaturgi opera, gr. et
lat. *Parisiis*, 1622, *in-fol. v. b.* . . . . .   2 …

90 Origenis opera omnia, gr. et lat. ad editionem Parisiensem Car. de la Rue, recensita,
Wirceburgi, 1780, 12 *vol. in-8. bas.* . . . .   13 … 75

91 Origenis hexapla gr. et lat. cum not. Bern.
de Montfaucon. *Parisiis*, 1713, 2 *vol. in-
fol. v. m.* . . . .   14 …

92 Daniel secundum septuaginta ex tetraplis . .   2 … 10

Origenis, græcè, edente Car. Segaer. *Traj.*
ad Rhen. 1775, *in-8. bas.*

93 Origenes contra Celsum; ejusdem Philo-
calia, gr. et lat. ex recens. Guil. Spenceri.
Cantabrigiæ, 1658, *in-4. vel.*

94 Traité d'Origene contre Celse, trad. par
Elie Bouhereau. *Amsterdam*, 1700, *in-4.
v. b.*

95 S. Cypriani opera, stud. Henr. Dodwelli.
Amstelod. 1700, *in-fol. v. b.*

96 Arnobii adversus gentes libri VII. *Lugd.
Bat.* 1651, *in-4. v. b.*

97 L. Cœl. Lactantii Firm. opera, cum notis
variorum et Serv. Gallæi. *Lugd. Bat.* 1660,
in-8. v. b.

98 L. C. Lactantii Firmiani opera, emendata
à Christ. Aug. Heumanno, etc. *Gottingæ*,
1736, *in-8. bas.*

99 L. C. Firm. Lactantii de mortibus perse-
cutorum liber, cum notis variorum, recens.
Paul. Bauldry. *Traj. ad Rhen.* 1692, *in-
8. fig. vélin.*

100 Eusebii Pamphili præparatio ac demonstratio evangelica, gr. et lat. operâ Franc.
Vigeri. *Parisiis*, 1628, 2 *vol. in-fol. v. b.*

101 S. Optati opera, ex recensione Lud. El-
lies Dupin. *Lut. Par.* 1700, *in-fol. v. b.*

102 Sancti Basilii opera omnia, gr. et lat. studio Juliani Garnier. *Parisiis*, 1721, 3 *vol.
in-fol. v. b.*

103 S. Athanasii opera, gr. et lat. *Parisiis*,
1627, 2 *vol. in-fol. v. b.*

104 C. Sollii Apollinaris opera, stud. Joan.
Savaronis. *Parisiis*, 1598, *in-8. vel.* = Q.

III. Wil. e+

II５. Wil. ⸺+ xo+

Aurelii Symmachi epistolæ, Phil. Pareus
recensuit. *Francofurti*, *in-8. vél.*

105 SS. Cyrilli Hierosol. et Synesii opera, gr.
et lat. stud. Joan. Prevotii. *Lut. Parisior.*
1640, *in-fol. v. b.* – – – – – – – – – – }
106 Sancti Cyrilli Hierosolymitani opera, gr.
lat. curâ Ant. Aug. Touttée. *Parisiis*,
1720, *in-fol. v. m.*   5 – 25

107 Juliani imperatoris opera, gr. et lat. *Parisiis*, 1630, *in-4. v. b.* – – – – – –   3 – 95

108 Juliani imperatoris opera, gr. et lat. S.
Cyrilli Alex. contra impium Julianum libri
X, gr. et lat. ex recens. Ezech. Spanhemii.
Lipsiæ, 1696, 2 *vol. in-fol. v. b. Chartâ
Magnâ.* – – – – – – – – – – – – –   35 – 95 D

109 Sancti Gregorii Nazianzeni opera, gr. et
lat. ex interpret. Billii Prunæi. *Coloniæ*,
1690, 2 *vol. in-fol. v. b.* – – – – –   4 – 50

110 Sancti Gregorii Nazianzeni opera, gr. et
lat. studio Monach. ord. Sancti Benedicti.
Parisiis, 1778, *in-fol. v. m.* – – – –   7 – 95
Tomus primus. Il n'a paru que ce volume.

111 Sancti Gregorii Nysseni opera, gr. et lat.
Parisiis, 1638, 3 *vol. in-fol. v. b.* – – –   10 –

112 Nemesius de naturâ hominis, gr. et lat.
Oxonii, 1671, *in-8. v. b.* – – – – –   2 –

113 Sancti Ambrosii opera, studio Monachorum ord. Sancti Benedicti. *Parisiis*, 1686,
2 *vol. in-fol. v. b.* – – – – – – – –   19 – 95

114 Sancti Epiphanii opera, gr. et lat. ex recens. Dion. Petavii. *Coloniæ*, 1682, 2 *vol.
in-fol. v. b.* – – – – – – – – – – –   4 –

115 S. Joannis Chrysostomi opera, gr. et lat.
studio D. Bern. de Montfaucon. *Parisiis*,
1718, 13 *vol. in-fol. vél.* – – – – – – 152 –

116 S. Joannis Chrysostomi de educandis liberis liber, gr. et lat. studio Fr. Combefis. *Parisiis*, 1656, *in-8. v. b.*

117 Homélies de S. Jean Chrysostôme, traduites par l'abbé Auger. *Paris*, 1785, 4 *vol. in-8. br.*

118 Palladii, episc. de vitâ S. Joannis Chrysostomi dialogus, gr. et lat. curâ Emerici Bigotii. *Lut. Parisior.* 1680, *in-4. v. b.*

119 Sancti Hieronymi opera, studio Monach. ord. Sancti Benedicti. *Parisiis*, 1693, 5 *vol. in-fol. v. b.*

120 S. Augustini opera, studio Monachorum ordinis Sancti Benedicti. *Parisiis*, 1679, 11 *tom. rel. en* 8 *vol. in-fol. v. b.*

121 S. Augustini de civitate Dei lib. XXII, cum comment. Leon. Coquæi. *Parisiis*, 1613, *in-fol. v. b.*

122 S. Augustini meditationes, soliloquia et manuale. *Lugduni*, 1777, *in-18. bas.* = Concilii Tridentini canones et decreta. *Coloniæ Agrip. ab Egmond*, 1644, *in-18. v. br.*

123 Joan. Cassiani opera omnia. *Atrebati*, 1628, *in-fol. v. b.*

124 Sancti Isidori Pelusiotæ opera, gr. et lat. *Parisiis*, 1638, *in-fol. bas.*

125 Sancti Cyrilli Alexandrini opera, gr. et lat. curâ Joan. Auberti. *Lutetiæ*, 1638, 7 *vol. in-fol. v. b.*

126 Beati Theodoreti opera omnia, gr. et lat. studio Jac. Sirmondi. *Lut. Parisior.* 1642, 5 *vol. in-fol. v. f.*

127 B. Theodoreti interpretatio psalmorum,

128. B.

137. Mell. n+

gr. et lat. stud. Joan. Lud. Schulze. *Halæ*,
1769, *in-8. bas.*

128 B. Theodoreti interpretatio XIV epistolarum B. Pauli, gr. et lat. edidit Joann.
A. Noesselt. *Halæ Magdeburgicæ*, 1771,
in-8. bas.

} avec le n° 127

129 OEuvres de Saint-Prosper, traduites (par
l'abbé le Queux.) *Paris*, 1762. *in-12. v.
m.* = Défense de la tradition et des Saints-
Pères, par Bossuet. *Paris*, 1763, 2 *vol. in-
12. v. f.* 1.—

130 Sancti Leonis magni opera omnia. *Lugduni*, 1700, 2 *tom. en* 1 *vol. in-fol. v. b.* 5.—95c

131 Cassiodori opera omnia, studio J. Gare-
tii. *Rotomagi*, 1679, 2 *tom. en* 1 *vol. in-
fol. v. b.* 15.—60.

132 Sancti Joannis Climaci opera, gr. et lat.
interp. Mat. Radero. *Lutet. Par.* 1633, *in-
fol. v. b.* 2.—

133 Sancti Gregorii Turonensis opera, stud.
Theod. Ruinart. *Paris.* 1699, *in-fol. v. b.* 26.—

134 Sancti Bernardi opera, studio Joan. Mabillon. *Parisiis*, 1690, 2 *vol. in-fol. v. br.* 9.—

Théologiens, Sermonaires, etc.

135 Dionysii Petavii theologicorum dogma-
tum libri. *Lutet. Par.* 1644, 5 *vol. in-fol.
v. b.* 10.—30..

136 Opuscules de M. Bossuet. *Paris*, 1751,
5 *vol. in-12. v. m.* 11.—10.

137 Ouvrages posthumes de Dom Jean Mabillon et de D. Thierry Ruinart, publ. par 6.—

D. Vinc. Thuillier. *Paris*, 1724, 3 vol. *in-4. v.*

138 Instruction pastorale de Cés. Guill. de la Luzerne, ancien évêque de Langres, sur la révélation. *Paris*, 1801, *in-12. br.* = Instruction pastorale sur le schisme de France, par le même. *Langres*, 1803, 2 vol. *in-12. br.* = Dissertation sur l'existence et les attributs de Dieu, par le même. *Langres*, 1808, *in-12. br.*

139 Sermons de Jac. Ben. Bossuet. *Paris*, 1772, 17 vol. *in-12. bas.*

140 Sermons du P. L. Bourdaloue, (publiés par le P. Franç. Bretonneau). *Paris*, 1707, 16 *vol. in-8. v. b.*

141 Sermons du P. de la Rue. *Paris*, 1719, 4 *vol. in-8. v. b.*

142 Sermons du P. Cheminais. *Paris*, 1764, 5 *vol. in-12. v. b.*

143 Sermons de Massillon. *Paris*, 1776, 15 *vol. in-12. v. m.*

144 Sermons de l'abbé Poulle. *Paris*, 1781, 2 *vol. in-12. bas.*

145 Sermons sur diverses matieres, par Tillotson, trad. par Barbeyrac. *Amst.* 1767, *vol. in-12. bas.*

146 Sermons de Hugh Blair, trad. par M. B. S. Frossard. *Lausanne*, 1785, 2 *vol. in-12. br.*

Théologie mystique et ascétique, polémique, etc.

147 De Imitatione libri IV, ex recens. Jos. Valart. *Parisiis, Barbou*, 1764, *in-12. v. m.*

139. Wil. ao⁺

143. Wal px⁺. Mᵐᵉ.

148 Lettres de Saint-François de Sales, adres-
     sées à des gens du monde. *Paris*, 1803, *in-*
     12. *bas.* = Abrégé de la pratique de la
     perfection chrétienne de Rodriguez. *Pa-*
     ris, 1769, 2 *vol. in-*12. *v. m.*   3 --- 10

149 OEuvres Spirituelles de Fénélon. *Amst.*
     1723, 5 *vol. in-*12. *v. b.*   8 --- 50.

150 Traité de l'existence de Dieu, par Clarke,
     trad. par Ricotier. 1744, 3 *vol. in-*12. *bas.*   3 ---

151 Dissertations sur l'existence de Dieu,
     par Jaquelot. *Paris*, 1744, 3 *vol. in-*12. *v. m.*
     = Dissertation sur le Messie, par le même.
     Amsterd. 1752, *in-*12. *v. m.*   3 --- 30

152 Traité de la vérité et de l'inspiration des
     livres sacrés, par le même. *Amsterd.* 1752,
     2 *vol. in-*12. *bas.* = Historia doctrinæ de
     vero Deo omnium rerum auctore atque rec-
     tore, conscripta à Christ. Meiners. *Lemgo-*
     viæ, 1780, *in-*12. *demi-rel.*

153 Théologie naturelle, ou preuves de l'exis-   5 ---
     tence de la divinité, par Will. Paley, trad.
     par Ch. Pictet. *Genève*, 1804, *in-*8. *bas.*

154 Tableau des preuves évidentes du chris-
     tianisme, par Will. Paley, trad. par D. Le-
     vade. *Paris*, 1806, 2 *vol. in-*8. *demi-rel.*   2 ---

155 Jo. Alb. Fabricii delectus argumentorum
     qui veritatem religionis christianæ asserue-
     runt. *Hamburgi*, 1725, *in-*4. *vel.*   5 --- 10

156 Hugo Grotius de veritate religionis chris-
     tianæ. *Amstelod. ex offic. Elzevir.* 1675,
     *in-*12. *v. b.*   2 --- 10

157 La Religion chrétienne prouvée par les
     faits, par Houtteville. *Amsterd.* 1744, 4
     *vol. in-*12. *bas.*   4 --- 5

158 Pensées de Bl. Pascal sur la religion.
Paris, 1783, *in-12. demi-rel.* = Traité des
principes de la foi chrétienne, (par Duguet).
Paris, 1736, 3 *vol. in-12. v. b.*

159 Pet. Danielis Huetii demonstratio evangelica. *Parisiis*, 1690 , *in-fol. v. b.*

160 Pet. Dan. Huetii Alnetanæ quæst i nes
de Concordiâ rationis et fidei. *Cadomi* ,
1690, *in-4. v. br.*

161 Nouvelle démonstration évangélique, par
J. Leland. *Paris*, 1769, 4 *vol. in-12. v. m.*

162 Discours sur la révélation , et sur les ca-
ractéres d'authenticité et de vérité des titres
primitifs qui en constatent l'existence, par
le P. Gab. Fabricy. *Rome*, 1772 , *in-8. bas.*
= L'Esprit de M. Duguet, ou précis de la
morale chrétienne, tirée de ses ouvrages ,
(par M. André). *Paris*, 1764, *in-12. v. f.*

163 Dissertations sur la vérité de la religion,
par M. Cés. Guil. de la Luzerne, ancien
évêque de Langres. *Langres*, 1802 , 4 *vol.*
in-12. br.

164 Génie du Christianisme, ou beautés de la
religion chrétienne , par Franç. Aug. de
Châteaubriand. *Paris*, 1803, 2 *vol. in-8. bas.*

165 Edition abrégée du Génie du Christianisme, ou beautés de la religion chrétienne,
par Fr. Aug. de Châteaubriand. *Paris*,
1804, 2 *vol. in-12. br.*

166 Bienfaits de la religion chrétienne, trad.
d'Ed. Ryan. *Paris*, 1807, 2 *vol. in-8. br.*

167 De la religion du vrai philosophe, par P.
L. G. Gin. *Paris*, 1806, 3 *vol. in-8. br.*

168 Le Christianisme de Franç. Bacon, ou
pensées

1735.

pensées et sentimens de ce grand homme
sur la religion. *Paris*, an 7, 2 *vol. in-*12.
demi-rel.

169 Traité de la vérité de la religion chrétienne, par Jacq. Abbadie. *La Haye*, 1763,
3 *vol. in-*12. *v. m.* = L'Art de se connoître
soi-même, par Jacq. Abbadie. *La Haye*,
1760, *in-*12. *v. m.*   5 — 10

170 Traité de la vérité de la religion chrétienne, trad. de J. Alph. Turretin, par J.
Vernet. *Paris*, 1753, 2 *vol. in-*12. *v. m.* =
De la Religion chrétienne, trad. d'Addisson,
par Gab. Seigneux de Correvon. *Lausanne*,
1757, 2 *tom. en* 1 *vol. in-*8. *bas.*   1 — 50

171 Le Christianisme raisonnable, trad. de
Locke. *Amsterd.* 1731, 2 *vol. in-*8. *v. b.*   1 — 5

172 Tableau philosophique de la Religion
chrétienne, rédigé par de Félice. *Yverdon*,
1779, 4 *vol. in-*12. *bas.* Pap. fort.   3 — 15

173 La perpétuité de la foi de l'Eglise catho-
lique défendue contre le livre du sieur
Claude, (par Antoine Arnauld.) *Paris*,
1669, 6 *vol. in-*4. *v. b.*   14 — 60   D

174 Radulphi Cudworthi systema intellec-
tuale hujus universi, ex recens. Joan. Laur.
Moshemii. *Lugd. Bat.* 1773, 2 *vol. in-*4.
v. f.   12 —   D

175 Lettres de quelques Juifs portugais à M.
de Voltaire, (par M. Guenée.) *Paris*, 1805,
3 *vol. in-*8. *br.*   10 — 95

176 L'autorité des livres de Moyse défendue
contre les incrédules, par l'abbé du Voisin.
Paris, 1778, *in-*12. *bas.* = L'autorité des
livres du N. Testament défendue contre les   1 — 60

mêmes, par le même. *Paris*, 1775, *in-*12.
bas.

177 Défense de la révélation contre les objections des esprits forts, par Léon. Euler; suivie de ses pensées sur la religion. *Paris*, 1805, *in-*8. *br.* = Discours d'Athénagore sur la résurrection des morts, traduit par le P. L. Reiner. *Breslau*, 1753, *in-*12. *br.*

178. Catéchisme philosophique, propre à défendre la Religion chrétienne contre ses ennemis, par F. X. de Feller. *Liège*, 1805, 3 *vol. in-*12. *bas.*

179 L'insuffisance de la Religion naturelle, prouvée par les vérités contenues dans les livres de l'Ecriture sainte, par le P. H. Griffet. *Liège*, 1770, 2 *vol. in-*12. *v. marbré.* = Ebauche de la Religion naturelle, par Wollaston. *La Haye*, 1756, 2 *vol. in-*12. *demi-reliure.*

180 Défense de la Religion tant naturelle que révélée, trad. de Gilbert Burnet. *La Haye*, 1738, 6 *vol. in-*12. *v. m.*

181 Pensées sur la Religion naturelle et révélée, traduites de l'anglois par le Père Houbigant. *Lyon*, 1769, *in-*8. *v. m.* = De la réunion des Religions chrétiennes, par Tarabaud. *Paris*, 1808, *in-*8. *br.*

182 La Religion chrétienne démontrée par la résurrection de Jésus-Christ, traduite de Homfroi Ditton, (par Armand de la Chapelle.) *Amsterdam*, 1728, 2 *vol. in* - 8. *bas.*

183 Les témoins de la résurrection de Jésus-Christ, examinés et jugés selon les régles du barreau, (traduit de Sherlock) par

187. Yem.

Ab. le Moine. *Paris*, 1753, 2 *vol. in-*12.
v. m. = L'usage et les fins de la prophétie,
traduit de Sherlock, par Abr. le Moine.
Paris, 1754, 2 *vol. in-*12. *v. m.*

184 Traité sur la Providence, par Guill.
Sherlock. *La Haye*, 1721, *in-*8. *v. m.* =
Pensées diverses à l'occasion de la comète
de 1680, par Bayle. *Rotterdam*, 1721, 4
*vol. in-*12. *v. b.* 2 — 90 c

*Théologie des Juifs, des Gentils et des Ma-
hométans.*

185 Joan. Buxtorfi synagoga judaica, de judæorum fide, ritibus, etc. *Basileæ*, 1661,
*in-*8. *v. b.* = Decreta romana et asiatica pro
judæis, stud. Jac. Gronovii. *Lugd. Batav.*
1712, *in-*8. *vél.* 1 — 50

186 Ger. Joan. Vossii de Theologiâ gentili et
physiologiâ christianâ, sive de orig. et pro-
gressû idololatriæ, lib. IX. *Amstelod.* 1700,
in-fol. v. b. 3 — 10

187 Zoroastre, Confucius et Mahomet comparés comme sectaires, législateurs et mo-
ralistes, par M. de Pastoret. *Paris*, 1787,
*in-*8. *demi-reliure.* 4 — 10

188 L'Ezour-Vedam, ou ancien commentaire du Vedam, contenant l'exposition des
opinions religieuses et philosophiques des
indiens, etc. (par M. de Sainte-Croix.)
Yverdon, 1778, 2 *vol. in-*12. *demi-reliure.*
Pap. fort. 7 — 50

189 Le Bhaguat-Geeta, contenant un précis
de la religion et de la morale des indiens, 2 —

          trad. du Samscrit par Ch. Wilkins et en
franç. par Parraud. *Paris*, 1787, *in-8. br.*

190 Bagavadam ou doctrine divine, ouvrage
indien canonique, (publié par Foucher
d'Obsonville.) *Paris*, 1788, *in-8. br.*

191 Le Chou-King, un des livres sacrés des
chinois, publ. par M. de Guignes. *Paris*,
1770, *in-4. v. m.*

192 L'Alcoran de Mahomet, trad. par And.
du Ryer. *Amsterd.* 1770, 2*vol. in-12. v. m.*

193 Le Coran, traduit de l'arabe, par Savary. *Paris*, 1783, 2*vol. in-8. demi-rel.*

FIN DE LA THÉOLOGIE.

193. Merl. x+

195. gde. to have.

JURISPRUDENCE.

Droit canonique, droit civil, etc.

194　Du Pape et de ses droits religieux à l'oc-
　　casion du concordat, par M. l'abbé Barruel.
　　Paris, 1803, 2 *vol. in-8. br.* ــ ــ ــ　3 ···

195　Théorie du pouvoir politique et religieux
　　dans la société civile, (par de Bonald.)
　　1796, 3 *vol. in-12. br.* ــ ــ ــ ــ　19 ··· 95 *D*

196　Principes du droit naturel et politique,
　　par Burlamaqui. *Genève*, 1764, 3 *vol. in-*
　　12. *cart.* ــ ــ ــ ــ　2 ··· 20

197　Hug. Grotii de jure belli ac pacis, libri
　　tres, cum notis Joan. Frid. Gronovii. *Ams-*
　　telod. 1680, *in-8. v. b.* ــ ــ ــ　5 ··· 50

198　Leges Atticæ, Sam. Petitus collegit, di-
　　gessit, et comment. illustr. *Parisiis*, 1635,
　　in-fol. v. b. Chartâ Mag. ــ ــ ــ　8 ···

199　Commentaire sur la loi des douze tables,
　　par Bouchaud. *Paris*, 1803, 2 *vol. in-4.*
　　cart. ــ ــ ــ ــ　8 ··· 95

200　Jani Vinc. Gravinæ origines juris civilis,
　　recens. Gottf. Mascovius. *Venetiis*, 1739,
　　in-4. vél. ــ ــ ــ　6 ··· 95

201　Corpus juris civilis. *Coloniæ Munatia-*
　　næ, 1759, *in-4. v. m.* ــ ــ ــ　18 ··· 65

202　D. Justiniani institutionum libri IV, curâ
　　Arnold. Vinnii. *Amstelod. ex offic. Elzevi-*
　　rianâ, 1669, *in-12. v. b.* ــ ــ ــ　3 ··· 95

203　Code et novelles de Justinien et de l'em-
　　pereur Léon, en latin et en français, trad. ــ　8 ··· 10

par P. A. Tissot. *Metz*, 1806, 3 *vol. in-*4. *br.*

204 Ez. Spanhemii orbis romanus, seu ad constitutionem Antonini impp. de statû hominum exercitationes duæ. *Londini*, 1703, *in-*4. *v. b.*

205 Jo. Gottl. Heineccii antiquitatum romanarum jurisprudentiam illustrantium syntagma. *Basileæ*, 1752, 2 *vol. in-*8. *demi-rel.*

206 Auctores finium regundorum, cum notis Nic. Rigaltii. *Lutetiæ*, 1614, *in-*4. *v. b.*

207 Le Nouveau Ferriere, ou dictionnaire de droit et de pratique, par N. Dagar. *Paris*, 1804, *in-*4. *br. le tome prem.*

208 Histoire des lois sur le mariage et sur le divorce, par And. Nougarède. *Paris*, 1803, 2 *vol. in-*8. *br.*

FIN DE LA JURISPRUDENCE.

210. S.

218. gde. it

SCIENCES ET ARTS.

PHILOSOPHIE.

Philosophes anciens et modernes.

209 Lettres sur l'origine des sciences et sur celles des peuples de l'Asie, par M. Bailly. *Paris*, 1777, *in-8. br.* — 1 5[c]

210 M. T. Ciceronis historia philosophiæ antiquæ, ex omnibus illius scriptis, collegit, etc. Frid. Gedike. *Berolini*, 1782, *in-8. demi-rel.* — 5 *D*

211 Th. Stanleii historia philosophiæ. *Venetiis*, 1731, 3 *vol. in-4. v. m.* — 5 60

212 Jac. Bruckeri historia critica philosophiæ. *Lipsiæ*, 1767, 6 *vol. in-4. v. m.* — 48

213 Jo. Franc. Buddei compendium historiæ philosophicæ. *Halæ Saxonum*, 1731, *in-8. v. m.* —

214 Ger. Joan. Vossii de philosophorum sectis liber. *Hag. Com.* 1657, *in-4. v. b.* — 2 60

215 Histoire critique du philosophisme anglais, par Tarabaud. *Paris*, 1806, 2 *vol. in-8. br.* — 4 75

216 Mercurii Trismegisti poemander, seu de potestate ac sapientiâ divinâ, gr. *Parisiis*, *Turnebus*, 1554, *in-4. bas.* — 2

217 La Vie de Pythagore, trad. par And. Dacier. *Paris*, 1706, 2 *vol. in-12. v. m.* — 3

218 Hieroclis commentarius in aurea Pythagoreorum carmina, et de providentiâ et 5 60

fato, gr. et lat. Joan. Curterio interpr. *London*, 1673, 2 *vol. in-8. v. b.*

219 Hieroclis in aurea carmina Pythagoræ, comment. gr. et lat. cum notis R. W. S. T. P. (Warren). *Londini*, 1742, *in-8. bas.*

220 Ocellus Lucanus, de rerum naturâ, gr. curâ Aug. Frid. Guil. Rudolph. *Lipsiæ*, 1801, *in-8. demi-rel.*

221 Ocellus Lucanus de la nature de l'univers, en grec, trad. par Batteux. *Paris*, 1768, *in-8. v. éc.*

222 Histoire des causes premières, ou exposition sommaire des pensées des philosophes sur les principes des êtres, par Batteux. *Paris*, 1769, *in-8. v. m.*

223 Empedocles Agrigentinus, de vitâ et philosophiâ ejus, exposuit carminum reliquias C. Frid. Guil. Sturz, gr. et lat. *Lipsiæ*, 1805, 2 *tom. en* 1 *vol. in-8. bas.*

224 La Morale d'Epicure, tirée de ses propres écrits, par Batteux. *Paris*, 1758, *in-8. v. m.*

225 Æschinis Dialogi tres, græcè, edidit Joh. Frid. Fischerus. *Lipsiæ*, 1786, *in-8. bas.*

226 Platonis opera omnia, gr. et lat. *Biponti*, 1781, 12 *tom. rel. en* 6 *vol. in-8. bas.*

227 Plato de rebus divinis, gr. et lat. (edente Joan. North.) *Cantabrigiæ*, 1683, *in-8. v. b.*

228 Platonis Euthyphro, apologia Socratis, etc. græcè, recensuit Joh. Frid. Fischerus. *Lipsiæ*, 1783, *in-8. bas.*

229 Platonis Euthidemus et Gorgias, gr. et lat. recensuit Mart. Jos. Routh. *Oxonii*, 1784, *in-8. bas.*

230 Platonis Gorgias, græcè, stud. Christ. Godofr. Findeisenii. *Gothæ*, 1796, *in-8. bas.*

219. gde.
220. Cor. p+

223. B.

226. gde. will. bm+
227. S.
228. B.

229. S. ~~cor~~+

230. S. Cor. e+

231. B.
232. gde.
233. f.
234. f.
235. gde.
236. B. coray. m.t

239. gde.

231 Platonis de republicâ libri X, gr. et lat.
cum notis Edm. Massey. *Cantabrigiæ*,
1713, 2 *vol. in-8. v. m.* _ _ _ _ _ _ _ _ _ 16

232 OEuvres de Platon, trad. (par Dacier).
Paris, 1701, 2 *vol. in-12. v. f.* _ _ _ _ _ 6 --- 50

233 La République de Platon ,(trad. par
Grou), *Amsterdam*, 1763, 2 *vol. in-12. v. m.*
234 Les Lois de Platon, (trad. par Grou).   } 12 --- 95
Amsterdam, 1769, 2 *vol. in-12. v. m.*

235 Platonis dialogi V, gr. et lat. stud. Nath.
Forster. *Oxonii*, 1765, *in-8. v. m.* _ _ _ _ 10 --- 95

236 Platonis dialogi IV, græcè, curavit Bies-
ter. *Berolini*, 1780, *in-8. br.* = Platonis
Alcibiades, gr. et lat. à M. Car. Nurnber-
ger. *Lipsiæ*, 1796, *in-8. br.* _ _ _ _ _ _ 6 --- 5

237 Platonis dialogi IV, græcè, recensuit
Lud. Frid. Heindorf. *Berolini*, 1802, *in-8.
bas.* _ _ _ _ _ _ _ _ _ _ _ _ _ _ 5 ---

238 Platonis dialogi tres, gr. et lat. stud.
Guil. Etwall. *Oxonii*, 1771, *in-8. v. m.* _ _ 3 ----

239 Parmenides, sive de ideis, Platonis dialogus, gr. et lat. stud. Joh. Gul. Thomson.
Oxonii, 1728, *in-8. v. f.* _ _ _ _ _ _ _ 9 --- 5

240 Platonis doctrina de Deo, e dialogis ejus,
gr. et lat. auct. Lud. Horstel. *Lipsiæ*, 1804,
in-8. demi-rel. _ _ _ _ _ _ _ 2 ----

241 In Platonis Timæon commentariorum
Procli libri V, græcè. *Basileæ*, 1534, *in-
fol. vél.* pourri _ _ _ _ _ _ _ _ 2 ----

242 Procli philosophi Platonici vita, scrip-
tore Marino Neapolitano. Versionem scriptorum Procli adjecit Joh. Alb. Fabricius.
Hamburgi, 1700, *in-4. v. m.* _ _ _ _ _ 1 --- 50

243 Scholia in Platonem, græcè, primum 3 --- 80

collegit Dav. Ruhnkenius. *Lugd. Bat.* 1800 , *in-8. demi-rel.*

244 Theonis Smyrnæi, eorum, quæ in mathematicis ad Platonis lectionem utilia sunt, expositio, gr. et lat. stud. Ismaelis Bullialdi. *Lut. Parisior.* 1644, *in-4. parch.*

245 Timæi sophistæ lexicon vocum Platonicarum, recensuit Dav. Ruhnkenius. *Lugd. Bat.* 1789, *in-8. demi-rel.*

246 Phil. Guil. van Heusde specimen criticum in Platonem. *Lugd. Bat.* 1803, *in-8. br.*

247 Aristotelis opera, gr. et lat. ex recens. Guill. Duval. *Lut. Parisior.* 1619, 2 *vol. in-fol. bas.*

248 Aristotelis opera omnia, græcè, recens. Joan. Theop. Buhle. *Biponti*, 1791, 5 *vol. in-8. br.*

249 Aristotelis liber de mirabilibus auscultationibus , gr. et lat. explicatus à Joan. Beckmann. *Gottingæ*, 1786, *in-4. demi-rel.*

250 Andronici Rhodii Ethicorum Nicomacheorum paraphrasis, gr. et lat. stud. Dan. Heinsii. *Lugd. Bat.* 1617, *in-8. vel.*

251 Maximi Tyrii dissertationes, gr. et lat. ex recens. Joan. Davisii, et cum annot. Jer. Marklandi. *Londini*, 1740, *in-4. v. m.*

252 Dissertations de Maxime de Tyr, trad. par J.-J. Combes-Dounous. *Paris*, 1802, 2 *vol. in-8. br.*

253 Plotini, philosophi Platonici opera , gr. et lat. operâ Mars. Ficini. *Basileæ*, 1580, *in-fol. v. b.*

254 Porphyrii de abstinentiâ ab esu animalium, libri IV, gr. et lat. cum notis vario-

244. d.

247. gde.
248. S.

259. g d e.

261. g d e.
262. f +.

rum, curâ Jac. de Rhoer. *Traj. ad Rhen.*
1767, *in-4. bas.*

255 Jamblichus de Mysteriis liber, gr. et lat.
stud. Th. Gale. *Oxonii*, 1678, *in-fol. v. b.* — 7 ... 80^c

256 L. An. Senecæ philosophi opera, à Jus-
to Lipsio emendata. *Antuerpiæ*, 1632, *in-
fol. v. b.* 2 ... 60

257 L. Ann. Senecæ et M. An. Senecæ rhe-
toris opera, ex And. Schotti recens. *Amstelod. apud Elzevirios*, 1659, 4 *vol. in-*12.
vél. 23 ...

258 Selecta Senecæ philosophi opera, in gal-
licum versa. *Parisiis, Barbou*, 1761, *in-*
12. *v. m.* 1 ... 80

259 Pensées de Sénèque, recueillies par Än-
gliviel de la Beaumelle. *Paris*, 1752, 2
*vol. in-*12. *v. m.* 4 ... 95

260 Examen du fatalisme, (par l'abbé Pluquet.) *Paris*, 1757, 3 *vol. in-*12. *v. m.* =
De la superstition et de l'enthousiasme, ouvrage posthume de l'abbé Pluquet. *Paris*,
1804, *in-*12. *bas.* 3 ... 45

261 Précis de la philosophie de Bacon, par
Deluc. *Paris*, 1802, 2 *vol. in-*8. *br.* 6 ... 5

262 OEuvres de René Descartes. *Paris*, 1724,
14 *vol. in-*12. *v. b.* 21 ... 95

Logique et Morale.

263 La logique ou l'Art de penser, (par
Ant. Arnauld et P. Nicole.) *Paris*, 1764,
*in-*12. *v. b.* = Cebetis Tabula, græcè, stud.
Joan. Schweighæuser, adspersi sunt ad cal-
cem flores nonnulli græcorum poetarum.
Argentorati, 1806, *in-*12. *bas.* 2 ... 5

D 6....50. 264 Theophrasti characteres, gr. et lat. studio Pet. Needham. *Cantabrigiæ*, 1712, *in-8. v. b.*

2........ 265 Theophrasti characteres, græcé, studio Joan. Phil. Siebenkees. *Norimbergæ*, 1798. == Ejusdem anecdota græca. *Norimbergæ*, 1798, *in-8. demi-rel.*

2...... 266 Les caractères de Théophraste, avec les caractères de La Bruyère, publ. par Coste. *Dresde*, 1755, 2 *vol. in-12. v. m.*

4....60 267 Les caractères de Théophraste, en grec et en français, par M. Coray. *Paris*, 1799, *in-8. demi-rel.*

3....40. 268 Joannis Meursii Theophrastus, sive de illius libris, qui injuria temporis interciderunt. *Lugd. Bat. ex offic. Elzevir.* 1640, *in-12. v. b.* == Gulistan, ou l'empire des roses, traitant des mœurs des rois, traduit du persan de Musladini Saadi. *Paris*, 1704, *in-12. v. b.*

D 7...95 269 Les caractères de La Bruyère, etc. *Paris*, 1802, 3 *vol. in-12. bas.* Pap. Vél.

1....30. 270 Maximes et réflexions morales extraites de La Bruyère. *Paris*, 1781, *in-8. v. f.*

D 15....95. 271 Epicteti quæ supersunt, gr. et lat. cum notis Joan. Uptoni. *Londini*, 1741, 2 *vol. in-4. v. m.*

39....95. 272 Epicteti quæ supersunt omnia, gr. et lat. edent. Joan. Schweighæuser. *Lipsiæ*, 1798, 7 *vol. in-8. bas.*

4.... 273 Simplicii commentarius in enchiridion Epicteti, gr. et lat. cum notis Cl. Salmasii. *Lugd. Bat.* 1640, *in-4. v. m.*

3.... 274 Le manuel d'Epictète, trad. par Dacier. *Paris*, 1776, 2 *vol. in-12. v. m.*

264. Wil. x⁺

269. gde.

277. gde.

279. s.

281. gde..

283. gde.

285. gde.

275 Marci Antonini impp. de rebus suis libri
XII, gr. et lat. studio Th. Gatakeri. *Lon-
dini*, 1697, *in*-4. *v. b.* , _ _ _ _ _ .... 3 ....

276 Marci Antonini impp. de rebus suis libri
XII, gr. et lat. *Glasguæ, Foulis*, 1744;
in-8. *v. f.* _ _ _ ` _ _ _ . 2 45

277 Réflexions morales de Marc Antonin,
(traduites par And. Dacier.) *Paris*, 1691,
2 *vol. in*-12. *v. b.* ` _ _ _ _ . 4 ... 50

278 An. M. Sever. Boethii consolationis philosophiæ libri V, cum not. Ren. Vallini. *Lugd.
Bat.* 1656, *in*-8. *v. b.*

279 An. Manl. Torq. Sever. Boethii de conso-
latione philosophiæ libri V, stud. Pet. Ber-
tii. *Lipsiæ*, 1753, *in*-8. *demi-rel.*   } 3 ---- 55.

280 Réflexions morales du duc de la Roche-
foucauld. *Amsterdam*, 1748, *in*-12. *v. m.*
= Discours de M. le chancelier d'Agues-
seau. *Paris*, 1773, *in*-12. *v. m.* _ _ _ _ 1 80

281 Maximes morales de M. le duc de la Ro-
chefoucauld, avec les observations de l'ab-
bé Brotier. *Paris*, 1789, *in* 8. *br.* _ _ _ 1 ... 50

282 Institutions de philosophie morale, traduites de Fergusson , (par N. Reverdil.)
Genève, 1775, *in*-12. *demi-rel.* _ _ _ _ 1 --- 30 ..

283 Leçons de morale faites dans l'Université
de Leipzig, par Gellert. *Paris*, 1787, 2
tom. en 1 *vol. in*-8. *demi-rel.* _ _ _ _ 3 ... 50

284 Système de philosophie morale , traduit
de Hutcheson, (par Eidous.) *Lyon*, 1770,
2 *vol. in*-12. *bas.* _ _ _ _ _ .. 2 .... 15 ..

285 Le Spectateur, traduit de l'angl. (d'Addisson , Steele et autres.) *Paris*, 1754;
9 *vol. in*-12. *v. m.* _ _ _ _ _ .. 18 ... 95

286 Le Rodeur, traduit du Rambler. *Maes-
tricht,* 1786, 4 *vol. in-*12. *demi-rel.*

287 De la sagesse, par P. Charron. *Leide ,
Jean Elzevier, in-*12. *v. f.*

288 Théorie des sentimens agréables, (par
Louis Jean Lévesque de Pouilly.) *Paris,*
1774 ; *in-*8. *v. m.* == Théorie des sentimens
moraux, traduite de Smith, par Blavet. *Paris,* 1774, 2 *vol. in-*12. *v. m.*

Economie et Politique , etc.

289 Plutarchus de liberis educandis, gr. recens. Joan. G. Schneider. *Argentorati,*
1775. == Ejusdem analecta critica. *Traj.
ad Viadrum,* 1777. == Dan. Wyttenbachii
epistola critica super nonnullis locis impp.
Juliani, etc. *Goettingæ,* 1769, *in-*8. *demi-reliure.*

290 OEuvres de madame de Lambert. *Paris,*
1785, 2 *vol. in-*12. *v. m.*

291 De l'éducation des enfans, traduit de
Locke, par Coste. *Lausanne,* 1759, 2 *vol.
in-*12. *bas.*

292 Emile ou de l'éducation, par J. J. Rousseau. *Amst.* 1762, 4 *vol. in-*12. *v. m.*

293 Cours d'instruction d'un sourd-muet de
naissance, par Roch Amb. Sicard. *Paris,*
*an VIII, in-*8. *fig. br.*

294 Essai sur l'histoire de la société civile,
trad. d'Adam Fergusson, par Bergier. *Paris,* 1783, 2 *vol. in-*12. *v. m.*

295 De la sociabilité, par l'abbé Pluquet.
Paris, 1767, 2 *vol. in-*12. *v. m.*

286. gde.

290. gde.

299. f.
300. Wal. 6⁺.95

302. f. 6 rev.

306. f. 6 rev.

296 Politique tirée de l'Ecriture sainte, par
J. Ben. Bossuet. *Paris*, 1709, *in-4. v.f.* ... 4

297 Aristotelis politicorum libri VIII, gr. et
lat. cum notis Dan. Heinsii. *Lugd. Batav.
ex offic. Elzevir.* 1621, *in-8. vél.* ... 4 .... 60°

298 La politique d'Aristote, trad. du grec,
par M. Champagne. *Paris*, 1797, 2 *vol.
in-8. br.* ... 3

299 Politique d'Aristote, traduite du grec par
Ch. Millon. *Paris*, 1803, 3 *vol. in-8. br.* ... 6 .... 5 D

300 Constantini Porphyrogennetæ imperatoris opera, de administrando imperio et tac-
ticâ, gr. et lat. ed. Joan. Meursio. *Lugd.
Bat.* 1617, *in-8. parch.* ... 5 .... 5 D

301 Institutions politiques et militaires de
Tamerlan, traduites par L. Langlès. *Paris*,
1787, *in-8. demi-rel.* ... 1

302 Les Six Livres de la République de Jean
Bodin. *Paris*, 1580, *in-8. parch.* = Du
Culte public. *Paris*, 1796, 2 *vol. in-8. br.* ... 1 .... 50 D / 1 55

303 Dissertations sur l'union de la religion,
de la morale et de la politique, trad. de
Warburton (par de Silhouette). *Londres*,
1742, 2 *vol. in-12. v. m.* ... 3 .... 5.

304 Tableau du Commerce de la Grèce, par
Félix Beaujour. *Paris, an* 8, 2 *vol. in-8. br.* ... 2

305 Traité sur le Commerce de la mer noire,
par de Peyssonel. *Paris*, 1787, 2 *vol. in-8. br.* ... 2

*Métaphysique, Physique et Histoire na-
turelle.*

306 Entretiens sur la métaphysique et sur la
religion, par le P. Malebranche. *Paris*, ... 1 .... 50 D

1711, 2 *vol. in-12. v. b.* = De la Recherche de la vérité, par le même. *Paris*, 1762, 4 *vol. in-12. v. m.*

307 Cours de lectures sur la métaphysique, la morale, etc. trad. du docteur Doddrige. *Liège*, 1768, 4 *vol. in-12. v. m.*

308 Théologie payenne, ou sentimens des philosophes et des peuples payens les plus célèbres, sur Dieu, sur l'Ame, etc. par de Burigny. *Paris*, 1754, 2 *vol. in-12. v. m.*

309 Essai de Théodicée sur la bonté de Dieu, la liberté de l'homme, etc. par Leibnitz. *Amst.* 1747, 2 *vol. in-8. v. m.*

310 Phedon, ou entretiens sur la spiritualité et l'immortalité de l'ame, par Mosès Mendels-Sohn, trad. par Junker. *Paris*, 1772, *in-8. bas.*

311 La Palingenesie philosophique, ou idées sur l'état passé, et sur l'état futur des êtres vivans, par Ch. Bonnet. *Lyon*, 1770, 2 *vol. in-8. bas.*

312 Essai philosophique concernant l'entendement humain, trad. de Locke, par Coste. *Amsterd.* 1700, *in-4. vél.*

313 De l'Esprit, par Helvétius. *Amst.* 1761, 2 *vol. in-12. v. m.*

314 Traité philosophique de la foiblesse de l'esprit humain, par P. Dan. Huet. *Amst.* 1723, *in-12. v. m.*

315 Dieterici Tiedemann disputatio de quæstione quæ fuerit artium magicarum origo. *Marburgi*, 1787, *in-4. demi-rel.*

316 Traité élémentaire de physique, par Hauy. *Paris*, 1803, 2 *vol. in-8. fig. br.*

317

309. f.
310. gde.
311. Merl. p+

314. f.
315. B.
316. gde.

317. gde.
318. gde.

321. B.

323. Wil. aht. Robin pxty

326. Cail.

317 Lettres à une princesse d'Allemagne
   sur divers sujets de physique et de philosophie, (par Léon. Euler). *Mietau*, 1770,
   3 *vol. in-8. demi-rel.* - - - - - - -   13 - - -   D
318 Lettres sur l'histoire physique de la terre,
   par de Luc. *Paris*, 1798, *in-8. oart.* - - -   6 - - - 95ᶜ D.
319 Observations sur la formation des mon-
   tagnes et les changemens arrivés au globe,
   particulièrement à l'empire de Russie, par
   P. S. Pallas. *Saint-Pétersbourg*, *in-4. br.*
320 Dissertation sur la glace, par Dortous
   de Mairan. *Paris*, 1749, *in-12. bas.* =
   Histoire et phénomènes du Vésuve, par
   Jean Marie della Torre, trad. par l'abbé
   Peton. *Paris*, 1760, *in-12. bas.*   3 - - - 25ᶜ
321 Rapport sur le tremblement de terre qui
   a commencé le 2 avril 1808, dans les vallées
   de Félis, de Cluson, etc. par A. M. Vassali-
   andi. 1808, *in-8. br.* - - - - - - - -   1 - - - - - - D
322 C. Plinii Secundi historiæ naturalis libri
   XXXVII, curante Joan. Pet. Millero. *Berolini*, 1766, 5 *vol. in-8. bas.* - - - - - -   13 - - -
323 C. Plinii Secundi historiæ naturalis libri
   XXXVII, cum notis Gab. Brotier. *Parisiis*,
   Barbou, 1779, 6 *vol. in-12. v. m.* - - - -   40 - - - 5ᶜ
324 Morceaux extraits de l'histoire naturelle
   de Pline, par M. Gueroult. *Paris*, 1785,
   in-8. bas. - - - - - - - - - - - - -   7 - - -
325 Histoire naturelle des animaux, par Pline,
   trad. par P. C. B. Gueroult. *Paris*, 1802, 3
   vol. in-8. demi-rel. - - - - - - - - -   6 - - -
326 Tableaux de la nature, par A. de Hum-
   boldt, trad. par J. B. B. Eyriès. *Paris*,
   1808, 2 *vol. in-12. br.* - - - - - - - -   4 - - - 10ᶜ
327 Tableau méthodique des espèces miné-   3 - - - 95ᶜ

rales, par M. Lucas. *Paris*, 1806, *in-8. fig. br.*

328 Scriptores rei rusticæ veteres latini, Cato, Varro, etc. curante Joan. Matt. Gesnero. *Manhemii*, 1781, *5 vol. in-8. bas.*

329 De l'Agriculture des anciens, par Adam Dickinson. *Paris*, 1802, *2 vol. in-8. demi-rel.*

330 Aristotelis historia de animalibus, gr. et lat. ex interpr. et cum comment. Jul. Cæs. Scaligeri. *Tolosæ*, 1619, *in-fol. v. b.*

331 AEliani de naturâ animalium libri XVII, gr. et lat. cum not. Jo. Gottl. Schneider. *Lipsiæ*, 1784, *in-8. bas.*

331 * La Colombe messagère plus rapide que l'éclair, par Mich. Sabbagh, en arabe et trad. en franç. par M. A. I. Silvestre de Sacy. *Paris*, 1805, *in-8. br.*

332 Mémoires pour l'histoire naturelle de la province de Languedoc, (par Astruc). *Paris*, 1737, *in-4. fig. v. b.*

333 Quelques Mémoires sur différens sujets d'histoire naturelle, etc. *Paris*, 1807, *in-8. br.*

334 Palæphatus de incredibilibus historiis, græcè, ex recens. Segim. Frid. Dresigii. *Lipsiæ*, 1761, *in-8. demi-rel.*

335 Antigoni Carystii historiæ memorabiles, explicatæ à Joan. Beckmann. *Lipsiæ*, 1791, *in-4. demi-rel.*

336 Phlegontis Tralliani quæ extant opuscula, gr. et lat. recens. Joan. Meursius. *Lugd. Bat.* 1620, *in-4. vél.*

337 Phlegontis Tralliani opuscula, gr. et lat. edid. Jo. Georg. Frid. Franzius. *Halæ Magdeb.* 1775, *in-12. demi-rel.*

328. Del. B.

331. B. gde.

331*. Del. B.

334. l.

337. l. Barb. e^t

338. Barb. e+

341. ~~Sol.~~ Yem.

342. Yem.

346. S.

338 Julius Obsequens de prodigiis, cùm notis
variorum, curâ Franc. Oudendorpii. *Lugd.
Bat.* 1720, *in-*8. *bas.* — · · · ·   6f... 95c

Médecine, Astronomie, etc.

339 Hippocratis opera, gr. et lat. ex interpret. et cum notis Anutii Foesii. *Francof.*
1624, *in-fol. v. b.* — _ _ _ _ _ _ _ · · 29...
340 OEconomia Hippocratis, gr. et lat. Anut.
Foesio authore. *Francofurti,* 1588, *in-*
fol. v. b. — · _ · · · _ _ · · 8...
341 Hippocratis aphorismi, gr. et lat. edente Anna Car. Lorry. *Parisiis,* 1784, *in-*18.
m. r. · _ _ _ _ _ _ _ · 14... 5f. D
342 Hippocratis aphorismi et prænotionum
liber, gr. et lat. per Ed. Franc. Mar. Bos-
quillon. *Parisiis,* 1784, *in-*18. *v. m.* · — 9...
343 Les OEuvres d'Hippocrate, trad. (par
And. Dacier.) *Paris,* 1697, 2 *vol. in-*12. *v. b.* · 1... 95s.
344 Traité d'Hippocrate des airs, des eaux
et des lieux, en grec et en français, par M.
Coray. *Paris,* 1800, 2 *vol. in-*8. *demi-rel.* — 11... 50
345 Cl. Galeni Perg. opuscula varia, gr. et lat.
à D. Th. Goulstono. *Londini,* 1640, *in-*
4. *v. f.* _ _ · · · · 1... D
346 Aurelii Corn. Celsi de medicinâ libri octo, curâ Th. Jans. ab Almeloveen. *Ams-*
telod. 1713, *in-*8. *vél.* · · · · 5... D
347 De la peste, ou époques mémorables de
ce fléau, et les moyens de s'en préserver,
par J. P. Papon. *Paris, an VIII,* 2 *vol. in-*
8. *br.* · · · · · · · } 1... 90...
348 Idée générale de l'astronomie, par l'abbé
Dicquemare. *Paris,* 1769, *in-*8. *fig. v. m.* /

349 Histoire de l'astronomie ancienne et moderne, indienne et orientale, par Bailly.
Paris, 1775 et 1785, 5 *vol. in-4. fig. v. m.*

350 Abrégé d'astronomie, par de Lalande.
Paris, 1774, *in-8. fig. v. m.*

351 Muhamedis Alfragani Arabis chronologica et astronomica elementa, auth. M. Jac.
Christmanno Joannis-Bergensi. *Francofurti*, 1618, *in-8. vél.*

352 Recherches sur l'origine et la significa-
tion des constellations de la sphère grecque, par C. G. S. *Paris*, 1807, *in-8. br.*

353 Journal d'un voyage fait à l'équateur,
servant d'introduction à la mesure des trois
premiers degrés du méridien, par de la
Condamine. *Paris*, 1751, *in-4. bas.*

354 Base du système métrique décimal, ou
mesure de l'arc du méridien compris entre
les parallèles de Dunkerque et Barcelonne,
etc. par MM. Méchain et Delambre. *Paris*, 1806, *2 vol. in-4. cart.*

355 Découverte de l'orbite de la terre du
point central de l'orbite du soleil, par C. J.
E. H. d'Aguila. *Paris*, 1806, *in-8. br.*

356 Censorinus de die natali, cum notis varior. et Sig. Havercampi. *Lugd. Bat.* 1743,
in-8. bas.

357 Cl. Salmasius de annis climactericis, et
antiqua astrologia diatribæ. *Lugd. Bat.*
1648, *in-8. v. b.*

358 Artemidori et Achmetis oneirocritica,
gr. et lat. cum notis Nic. Rigaltii. *Lutetiæ*,
1603, *in-4. m. r.*

359 Scriptores physiognomoniæ veteres, gr. et

356. Barb. e⁺

358. L̈. S.
359. Cor. x⁺ S.

364. gde.

367. L.
368. Wil. met

lat. ex recens. Joan. Georg. Frid. Franzii.
Altenburgi, 1780, *in-8. bas.*

Hydrographie, Méchanique, Arts, etc.

360 Dictionnaire de la marine française, par
   Romme. *Paris*, 1792, *in-8. fig. bas.* . . .   2 . . . 50^c
361 Mémoire sur la navigation des riviéres de
   France, par Dupain - Triel. *Paris*, 1781,
   in-4. br. = Mémoire sur le passage par le
   Nord, par le duc de Croy. *Paris*, 1782, *in-*
   4. br. . . . .   1 . . .
362 Fragment d'un ouvrage grec d'Anthé-
   mius, sur des paradoxes de méchanique,
   trad. par M. Dupuy. *In-4. br.* . . . . .   1 . . . .
363 Histoire de la musique, par C. Kalk-
   brenner. *Paris*, 1802, *in-8. br.*
364 Dictionnaire portatif des arts et métiers.
   Yverdon, 1766, 3 *vol. in-8. bas.* . . . .   6 . . . .
365 Recueil de piéces sur les arts, par Winckelmann, (traduit par M. Jansen.) *Paris*,
   1786, *in-8. demi-rel.* . . . .   2 . . . 80 .
366 De l'allégorie, ou traités sur cette ma-
   tiére, par Winckelmann, Addisson, Sul-
   zer, etc. (traduits par M. Jansen.) *Paris*,
   an VII, 2 vol. in-8. br. . . . .   3 . . .
367 Du Laocoon, ou des limites respectives
   de la poésie et de la peinture, traduit de G.
   E. Lessing, par Ch. Vanderbourg. *Paris*,
   1802, *in-8. demi-rel.* . . . .   2 . . . 95
368 M. Vitruvii Poll. de architecturâ libri X,
   ex recensione et cum notis Joan. de Laet.
   Amstelod. Lud. Elzevirius, 1649, *in-fol.*
   fig. vél. . . . .   20 . . .
369 Abrégé des dix livres d'architecture de . .   2 . . . 90

Vitruve, (par Ch. Perrault.) *Paris*, 1674, *in-12. fig. bas.*

370 Les cinq ordres d'architecture, par Vignolle. *Paris*, 1735, *in-fol. fig. br.*

371 Essais sur l'architecture des chinois, sur leurs jardins, etc. (par M. Delatour.) *Paris*, 1803, *in-8. br.*

M. de Sainte—Croix a écrit sur cet exemplaire la note suivante : Cet ouvrage de M. Latour, ancien imprimeur, n'a été tiré qu'à trente exemplaires qu'il a distribués à ses amis.

372 Onosandri strategicus, sive de imperatoris institutione, gr. et lat. stud. Nic. Rigaltii. *Lut. Parisior.* 1599, *in-4. parch.*

373 AEliani tactica, gr. et lat. *Lugd. Batav.* 1613, *in-4.* = Leonis Imp. tactica, gr. et lat. cum notis Joan. Meursii. *Lugd. Bat.* 1612, *in-4. v. b.*

374 Arriani ars tactica, gr. et lat. cum notis varior. ex recens. Nic. Blancardi. *Amstelo.* 1683, *in-8. bas.*

375 Polyæni strategematum lib. octo, gr. et lat. cum notis varior. ex recens. Isa. Casauboni. *Lugd. Bat.* 1691, *in-8. vel.*

376 S. Jul. Frontini quæ extant, ex recens. Rob. Kenchenii. *Amstelod.* 1661, *in-8. vel.*

377 S. Jul. Frontini strategemata, stud. Sam. Tennulii. *Lugd. Bat.* 1675, *in-12. v. f.*

378 Sext. Jul. Frontini strategemata, studio Jos. Valart. *Parisiis*, 1763, *in-12. v. m.*

379 Institutions militaires de Vegece, trad. en françois. *Paris*, 1758, *in-12. v. m.* = Traité de la chasse de Xénophon, trad. par J. B. Gail. *Paris*, 1801, *in-12. br.* Pap. fort.

FIN DES SCIENCES ET ARTS.

371. Wal. mm⁺ gg

376. L. s. si de aquaductibus

BELLES-LETTRES.

INTRODUCTION A L'ÉTUDE DES BELLES-
LETTRES.

*Grammaires et Dictionnaires de différentes
langues.*

380 De la manière d'enseigner et d'étudier
les belles-Lettres, par Ch. Rollin. *Paris*,
1732, 4 *vol. in-*12. *v. b.* . . . .   8^f .... 5^c

381 Elémens de Littérature, par Marmontel.
Paris, 1787, 6 *vol. in-*12. *demi-rel.* . . . .   11 .... 95 .... D

382 Traité du choix et de la méthode des
études, par Fleury. *Nismes*, 1784, *in-*12.
bas. = Hermès, ou Recherches sur la grammaire universelle, trad. de Jacq. Harris,
par Franç. Thurot. *Paris, an* 4, *in-*8. *demi-*
rel. . . . .   4 .... 50 .... D

383 Traité du Style, par Dieudonné Thie-
bault. *Paris*, 1801, 2 *vol. in-*8. *br.* . . .

384 Briani Walton dissertatio de linguis orien-
talibus. *Daventriæ*, 1658, *in-*12. *v. b.* =   5 10
Joan. Buxtorfi lexicon hebraicum et chal-
daicum. *Basileæ*, 1698, *in-*8. *v. b.*

385 Franc. Masclef grammatica hebraica. *Pa-*
risiis, 1731, 2 *vol. in-*12. *v. m.* . . . . .   8 .... 5 ...

386 Grammaire hébraïque, par l'Advocat.
Paris, 1755, *in-*8. *bas.* . . . .   2 .... 30 ...

387 Theoph. Christ. Harles introductio in historiam linguæ græcæ. *Altenburgi*, 1792,   21 ...

3 vol. in-8. demi-rel. = Ejusd. Supplementa ad introductionem in hist. linguæ græcæ. *Jenæ*, 1804, 2 vol. in-8. br.

388 Nouvelle méthode pour apprendre facilement la langue grecque, (par MM. de Port-Royal). *Paris*, 1754, *in-8. v. m.*

389 Abrégé des méthodes grecque et latine, de Port-Royal. *Amsterdam*, 1730, 2 vol. *in-12. bas.*

390 Jac. Welleri grammatica nova, curavit Jo. Frid. Fischerus. *Lipsiæ*, 1781, 3 vol. *in-8. bas.*

391 Nouvelle grammaire grecque, à l'usage des Lycées, etc. par J. B. Gail. *Paris*, 1806, *in-8. br.* = Godofred. Hermannus de emendanda ratione græcæ grammaticæ, acced. Herodiani aliorumque libelli nunc primum editi. *Lipsiæ*, 1801, *in-8. demi-rel.*

392 Phrynichi eclogæ nominum et verb. atticorum, gr. et lat. curante Jo. Corn. de Pauw. *Traj. ad Rhen.* 1739, *in-4. bas.*

393 De verbis græcorum mediis commentationes Lud. Kusteri, etc. recensuit Christ. Wolle. *Lipsiæ*, 1752, *in-12. demi-rel.* = Lamb. Bos Ellipses græcæ, stud. M. Jo. Frid. Leisneri. *Lugd. Bat.* 1750, *in-8. bas.*

394 Græcæ linguæ dialecti, operâ Mich. Maittaire, edidit J. F. Reitzius. *Hag. Comit.* 1738, *in-8. v. m.*

395 Gregorius de dialectis, græcé, emendavit Gisb. Koen. *Lugd. Bat.* 1766, *in-8. bas.*

396 Ammonius de adfinium vocabulorum differentiâ, gr. cum animadv. Lud. Casp. Valckenaer. *Lugd. Bat.* 1739, 2 vol. *in-4. v. f.*

388. f. Del.
389. Del.

395. B.

799. B.

402. Co. bm^t

397 Franc. Vigeri de præcipuis græcæ linguæ
idiotismis libellus, curâ Henr. Hoogeveen.
Lugd. Bat. 1766, *in-8. bas.* — — — — . . . . .

398 Henr. Hoogeveen doctrina particularum
græcarum, recens. Christ. God. Schutz.
Dessaviæ, 1782, *in-8. vél.* — — — — . . . .

399 Mat. Devarii liber de græcæ linguæ par-
ticulis, emendavit Joh. Gottfr. Reusmann.
Lipsiæ, 1793, *in-8. demi-rel.* — — — — . .

400 Cl. Salmasii de Hellenistica commentarius. *Lugd. Bat. ex officinâ Elzeviriana*,
1643, *in-8. vél.* = Funus linguæ Hellenis-
ticæ. *Lugd. Bat.* 1643, *in-8. parch.* = An-
geli Caninii Hellenismus, per Carol. Hau-
boesium locupletatus. *Amstelod.* 1700,
in-8. bas. — — — — . . . . .

401 Le Jardin des racines grecques. *Paris*,
1774, *in-12. bas.* = Les Racines de la langue latine, par Jean Maur. Desuere Du-
plan. *Paris*, 1789, *in-12. bas.* — — — . . .

402 Etymologicon magnum, græcé, cum notis Frid. Sylburgii. *E typogr. Commeli-
niano*, 1594, *in-fol. parch.* — — — . .

403 Joan. Dan. a Lennep etymologicon lin-
guæ græcæ, edidit Everard. Scheidius, et
L. C. Valckenarii prælectiones academ.
Traj. ad Rhen. 1790, 3 *vol. in-8. demi-rel.* —

404 Julii Pollucis onomasticum, gr. et lat. cum
not. var. curante Tib. Hemsterhuis. *Amst.*
1706, 2 *vol. in-fol. vél.* — — — — . . . . .

405 Harpocrationis dictionarium in decem
rhetores, græcé, Phil. Jac. Maussacus emendavit. *Parisiis*, 1614, *in-4. rel. en peau.* — —

406 Val. Harpocrationis de vocibus liber, —

græcè , cum notis Jac. Gronovii. *Lugd. Bat.* 1696, *in-*4. *vél.*

407 Hesychii lexicon gr. cum notis var. accurante Corn. Schrevelio. *Lugd. Bat.* 1668, *in-*4. *v. b.*

408 Suidæ lexicon, gr. et lat. edente Ludolpho Kustero. *Cantabrigiæ*, 1705 , 3 *vol. in-fol. v. m.*

409 Emendationes in Suidam, Hesychium et alios , aut. J. Toup. *Oxonii, è typ. Clarend.* 1790, 4 *vol. in-*8. *bas.*

410 Dictionarium græcum Varini Phavorini. *Basileæ*, 1538 , *in-fol. v. f.*

411 Commentarii linguæ græcæ , Gul. Budæo auctore. *Parisiis*, 1548 , *in-fol. bas.*

412 Græcum lexicon manuale, à Benj. Hederico institutum , studio Jo. Aug. Ernesti. *Londini*, 1766, *in-*4. *v. j.*

413 Mœridis Atticistæ lexicon atticum , gr. cum notis Joan. Piersonii. *Lugd. Bat.* 1759, *in-*8. *bas.*

414 Thomæ Magistri onomaton atticum , gr. stud. Nic. Blancardi , et variorum. *Lugd. Bat.* 1757, *in-*8. *bas.*

415 Joan. Meursii glossarium græco-barbarum. *Lugd. Bat.* 1614, *in-*4. *vél.*

416 Grammatica linguæ græcæ vulgaris, auct. Sim. Portio. *Parisiis*, 1638 , *in-*8. *v. b.*

417 M. Terentii Varronis opera quæ supersunt, cum not. Jos. Scaligeri. 1581, *in-*8. *v. b.* == Nonnius Marcellus et Fulgentius Placiades de proprietate sermonum , cum notis Dion. Gothofredi. *Parisiis* , 1586, *in-*8. *v. m.*

418 Sex. Pompeii Festi, et Mar. Verrii Flacci

408. wil. hm+
409. tal. px+

412. f.
413. Cor. p+

415. cor. x+

418. wil. px+

419. Wil. io⁺

421. Cor.

422. M Barn.

427. Del.

de verborum significatione lib. XX, cum
not. And. Dacerii in usum Delphini. *Lut.
Parisior.* 1681, *in-4. v. b.*

419 Grammaticæ latinæ auctores antiqui,
studio Eliæ Putschii. *Hanoviæ,* 1605, *in-4.
parch.* _ _ _ _ _ _ _ _ 51 6

420 Auctores latinæ linguæ in unum redacti
corpus, stud. Dion. Gothofredi. 1585, *in-4.
v. b.* _ _ _ _ _ _ _ 2 .. 60 c

421 Franc. Sanctii Minerva, seu de causis
linguæ lat. comment. stud. Jac. Perizonii.
Amstelod. 1761, *2 vol. in-8. v. m.* _ _ 6 .. 52

422 Méthode latine, (par MM. de Port Royal).
Paris, 1761, *in-8. v. m.* _ _ _ _ 16 .. 952

423 Synonymes latins, par Gardin Dumesnil.
Paris, 1787, *in-8. bas.* _ _ _ _ 5 .. 15

424 Novitius, seu dictionarium latino-galli-
cum. *Parisiis,* 1721, *in-4. v. m.* _ _ _ 15

425 Vocabulaire universel, latin-françois,
(par Chompré). *Paris,* 1754, *in-8. bas.* .. 3 ---

426 Nouveau dictionnaire latin-françois,
composé d'après Facciolati, par M. Noël.
Paris, 1807, *in-8. demi-rel.* _ _ _ 5 .. 60.

427 Grammaire générale et raisonnée de
Port-Royal, par Arnauld et Lancelot, pu-
bliée par Petitot. *Paris,* 1803, *in-8. bas.* .. 5 .. 502

428 Principes de la langue françoise, par de
Wailly. *Paris,* 1780, *in-12. bas.* = Principes de grammaire générale, par A. I. Silvestre de Sacy. *Paris,* 1803, *in-12. bas.* .. 3 .. 80

429 Remarques de Vaugelas sur la langue
françoise. *Paris,* 1738, *3 vol. in-12. v. m.*
= Observations de l'académie françoise
sur les remarques de Vaugelas. *La Haye,*
1705, *2 vol. in-12. v. b.* _ _ _ _ _ 7 ---

430 Opuscules sur la langue françoise, par divers académiciens. *Paris*, 1754, *in-12. v. m.* = Remarques sur la langue françoise par l'abbé d'Olivet. *Paris*, 1771, *in-12. bas.*

431 Choix de remarques sur la langue françoise, (par L. P. L. M.) *Paris*, 1802, *in-12. demi-rel.* = Logique et principes de grammaire par du Marsais. *Paris*, 1769, *in-12. bas.*

432 Des Tropes, ou des différens sens dans lesquels on peut prendre un même mot dans une même langue, par du Marsais. *Paris*, 1757, *in-8. v. m.*

433 Dictionnaire étymologique des mots françois dérivés du grec, par Morin. *Paris*, 1803, *in-8. bas.*

434 Dictionnaire étymologique des mots françois dérivés du grec, par J. B. Morin. *Paris*, imp. Impér. 1809, 2 *vol. in-8. br.*

435 Dictionnaire de l'Académie françoise. *Paris*, *l'an* 7, 2 *vol. in-4. bas.*

436 Dictionnaire grammatical de la langue françoise. *Paris*, 1772, 2 *vol. in-8. bas.*

437 Manuel lexique, (par l'abbé Prévost). *Paris*, 1755, 2 *vol. in-8. bas.*

438 Dictionnaire de synonymes françois, par Beauzée. *Paris*, 1788, *in-8. bas.*

439 Synonymes françois, par l'abbé Girard, revus par Beauzée. *Paris*, 1780, 2 *vol. in-12. v. m.*

440 Nouveaux synonymes françois, par Roubaud. *Paris*, 1785, 4 *vol. in-8. v. m.*

441 Elémens des langues angloise et italienne, par Siret. *Paris*, 1798, 2 *vol. in-8. br.* =

434. f. Rig.
435. Del. gde. Rig.
436. Del.
437. Del. gde.

440. gde.

44y. Coray. m.t

44g. B. coray.

Essai d'un nouveau cours de langue alle-
mande. *Paris*, 1798, *in*-8. *br*.

442 Nouveau dictionnaire portatif, françois
et anglois, par Th. Nugent. *Lyon*, 1796,
in-8. *bas*. — — — — — — — — — 2 ... 55.

443 Alphabet irlandois, par J. J. Marcel. *Paris*, *an* 12, *in*-8. *br*. — — — — — — 1 ... 95.

RHÉTORIQUE.

Rhéteurs et Orateurs grecs, latins, etc.

444 Aristotelis rhetorica, græce, cum variis
lectionibus et notis. *Oxoniæ*, 1759, *in*-8.
v. m. — — — — — — — — — — 11 ...

445 La rhétorique d'Aristote, trad. par Cassandre. *Paris*, 1654, *in*-4. *v. b.* = Longinus de sublimitate, gr. et lat. cum notis
Tan. Fabri. *Salmurii*, 1663, *in*-12. *vel.* — 5 ... 60.

446 La rhétorique d'Aristote, trad. en françois par Cassandre. *Amst.* 1733, *in*-12. *bas*. 3 ...

447 Animadversiones et lectiones ad Aristotelis libros tres rhetoricorum, scripsit Joan.
Sev. Vater, cum auct. F. A. Wolfii. *Lipsiæ*,
1794, *in*-8. *br*. — — — — — — — — 2 ... 25

448 Dionysius Longinus de sublimitate, gr.
et lat. edente S. Fr. Nath. Moro. *Lipsiæ*,
1769, *in*-8. *bas*. — — — — — — — — 6 ...

449 Dionysii Longini quæ supersunt, gr. et
lat. cum notis Joan. Toupii et emendat.
Dav. Ruhnkenii. *Oxonii*, 1778, *in*-8. *v. m.* 11 ... 55.

450 Dionysii Halicarn. de structura orationis
liber, gr. et lat. edent. Jo. Uptono. *Londini*,
1728, *in*-8. *v. b.* — — — — — — — — 5 ... 80.

2 ... 40 451 Traité de l'arrangement des mots, trad.
du grec de Denys d'Halicarnasse, par Batteux. *Paris*, 1788, *in-12. bas.*

2 ... 80 452 Demetrii Phalerei de elocutione liber,
græcè, stud. Joan. Gottl. Schneider. *Altenburgi*, 1779, *in-8. vél.*

5 453 Rhetores Selecti, gr. et lat. cum notis
(Th. Gale). *Oxonii*, 1676, *in-8. v. f.*

7 ... 5 454 Dionysii Halicarnassensis de antiq. ora-
toribus comment. gr. et lat. recens. Ed.
Rowe Mores. *Oxonii*, 1781, *in-8. bas.*

12 ... 10 455 Oratorum veterum orationes, gr. et lat.
Excud. Henr. Stephanus, 1575, *in-fol. rel.
en peau.*

4 ... 10 456 Aphthonius, Hermogenes et Dionysius
Longinus, græcè, stud. Franc. Porti. *Genevæ*, 1569, *in-8. vél. l. r.*

5 457 Discours de Lycurgue, d'Andocide, etc.
trad. par l'abbé Auger. *Paris*, 1783, *in-8.
v. m.*

3 ... 95 458 Jani Otton. Sluiter lectiones Andocideæ,
interjectæ sunt Lud. Casp. Valckenarii in-
editæ et Jo. Luzacii in Andocidem annota-
tiones. *Lugd. Bat.* 1804, *in-8. br.*

5 459 Discours grecs choisis de divers orateurs,
par l'abbé Auger. *Paris*, 1788, 2 *vol. in-12.
parch.*

28 ... 95 460 Lysiæ orationes et fragmenta, gr. et lat.
ex interpr. et cum notis Joan. Taylor. *Londini*, 1739, *in-4. v. j.*

14 ... 25 461 Isocratis opera omnia, gr. et lat. edid.
Athan. Auger. *Parisiis*, 1782, 3 *vol. in-8.
v. m.*

8 ... 35 462 Isocratis opera omnia, gr. cum animadv.

452. coray. a⁺

458. B.

460. wil. me⁺
461. wil. n⁺

468. coray. p.t.

472. g.de.

Wilhelmi Lange. *Halis Sax.* 1803, *in-8.*
bas.

463 Isocratis opera, græcè, ed. Coray. *Parisiis, Firm. Didot,* 2 *vol. in-8. br.* _ _ _ _

464 Isocratis panegyricus, græcè, recens. D. Sam. Fr. Nathan. Morus. *Lipsiæ,* 1786. = Ejusdem Evagoræ encomium, græcè, edid. Christ. Godof. Findeisenus. *Lipsiæ,* 1777, *in-8. demi-rel.* _ _ _ _ _

65 Demosthenis opera, gr. cum scholiis. *Lutetiæ, Benenatus,* 1570, *in-fol. cart.* _ _ _
Exemplaire qui n'a pas été rogné.

466 Demosthenis opera, gr. et lat. edid. Joan. Taylor. *Cantabrigiæ,* 1757, 2 *vol. in-4. v. m.* _ _ _ _ _

467 Demosthenis orationes Philippicæ, gr. et lat. stud. Jos. Stock. *Dublinii,* 1773, 2 *vol. in-8. v. m.* _ _ _ _

468 Demosthenis oratio de corona, gr. et lat. edidit Theoph. Christ. Harles. *Altenburgi,* 1779, *in-8. demi-rel.* _ _ _ _ _

469 Demosthenis oratio de pace, gr. edid. Ch. Dan. Beckius. *Lipsiæ,* 1799, *in-12. cart.* _ _ _ _ _

470 Demosthenis oratio adversùs Leptinem, græcè, curâ Frid. Aug. Wolfii. *Halis Saxon.* 1789. = Ejusdem oratio in Midiam, stud. G. Lud. Spalding. *Berolini,* 1794, *in-8. demi-rel.* _ _ _ _ _

471 OEuvres de Tourreil, contenant une traduction de Demosthénes, etc. *Paris,* 1721, 2 *vol. in-4. bas.* _ _ _ _

472 OEuvres de Démosthénes et d'Eschine, trad. par l'abbé Auger. *Paris,* 1788, 6 *vol. in-8. bas.* _ _ _ _

473 Polemonis orationes, gr. et lat. à Pet. Possino notis illustratæ. *Tolosæ*, 1637, *in*-8. *parch*. = Himerii Sophistæ oratio quâ laudes urbis Constantinopoleos et Juliani Augusti celebrantur, gr. et lat. è recens. Gottl. Wernsdorfii. *Erlangæ*, 1785, *in*-12. *demi-rel*.

474 Dionis Chrysostomi orationes, gr. et lat. cum notis Is. Casauboni. *Lutetiæ*, 1604, *in-fol. bas*.

475 Dionis Chrysostomi orationes, gr. ex recens. Jo. Jac. Reiske. *Lipsiæ*, 1784, 2 *vol. in*-8. *demi-rel*.

476 Ælii Aristidis opera omnia, gr. et lat. studio Sam. Jebb. *Oxonii*, 1722, 2 *tom. en* 1 *vol. in*-4. *vél*.

477 Aristidis oratio adversùs Leptinem, Libanii declamatio pro Socrate, etc. gr. et lat. nunc primum edidit Jac. Morellus. *Venetiis*, 1785, *in*-8. *cart*.

478 Themistii orationes, gr. et lat. stud. Dion. Petavii. *Parisiis*, 1618, *in*-4. *v. m.*

479 Themistii orationes, gr. et lat. stud. Joan. Harduini. *Parisiis*, 1684, *in-fol. v. b.*

480 Libanii Sophistæ orationes, græcé, recensuit Jo. Jac. Reiske. *Altenburgi*, 1791, 4 *vol. in*-8. *bas*.

481 Himerii Sophistæ eclogæ et declamationes, gr. et lat. ex recens. Gottl. Wernsdorfii. *Gottingæ*, 1790, *in*-8. *bas*.

482 Lexicon technologiæ latinorum rhetoricæ, congessit Jo. Christ. Theophil. Ernesti. *Lipsiæ*, 1797, *in*-8. *bas*.

483 P. Rutilii Lupi de figuris sententiarum et elocutionis

484. S.
485. Wil. xo+

489. B.

493. B.

elocutionis libri duo, recens. Dav. Ruhnkenius. *Lugd. Bat.* 1768, *in-8. bas.*

484 Panegyrici veteres, cum not. var. ex recens. Wolf. Iaegeri. *Norimbergæ*, 1778, 2
vol. in-8. bas. _ _ _ _ _ _ . ... *10 .... 5^c ... D*

485 M. Tullii Ciceronis opera, cum comment. Jos. Oliveti. *Genevæ*, 1743, 9 *vol.
in-4. v. m.* _ _ _ _ _ _ _ ... *85 ....*

486 Traduction du traité de l'Orateur de Cicéron, par Colin. *Paris*, 1768, *in-12. v. m.*
= Philippiques de Demosthène, et Catili-
naires de Cicéron, trad. par l'abbé d'Olivet.
Paris, 1744, *in-12. v. m.* _ _ _ _ .. *4 ....*

487 Académiques de Cicéron, trad. par David
Durand. *Paris*, 1795, 2 *vol. in-12. bas.* _ _ ... *3*

488 Les livres académiques de Cicéron, trad.
par de Castillon. *Berlin*, 1779, 2 *vol. in-8.*
bas. _ _ _ _ _ .. *4 ....*

489 M. Tullii Ciceronis tusculanarum dis-
putat. libri quinque, cum comment. I. G.
C. Neide. *Lipsiæ*, 1798, *in-8. demi-rel.* _ _ _ · *3 .... 50 D*

490 Tusculanes de Cicéron, trad. par Bouhier et d'Olivet. *Paris*, 1737, 3 *vol. in-12.*
v. b. _ _ _ _ _ _ _ *4 .... 55*

491 Entretiens de Cicéron sur la nature des
Dieux, trad. par l'abbé d'Olivet. *Paris*,
1775, 2 *vol. in-12. v. m.* _ _ _ _ · *4 ... .50 ..*

492 Traité des Lois de Cicéron, trad. par Mo-
rabin. *Paris*, 1777, *in-12. bas.* = Pensées
de Cicéron, trad. par l'abbé d'Olivet. *Pa-*
ris, 1755, *in-12. bas.* _ _ _ _ _ · *4 .... 30*

493 M. T. Ciceronis opera philosophica. *Vien-*
næ, 1790, 2 *vol. in-8. bas.* _ _ _ _ · *5 .... D*

494 M. T. Ciceronis de officiis libri tres, cum _ _ *3 .... 50*

notis Fred. Gottl. Born. *Lipsiæ*, 1799, *in-8. demi-rel.*

495 M. T. Ciceronis orationes, pro Sexto Roscio, etc. cum notis variorum, recens. Joh. And. Otto. *Magdeburgi*, 1800, 3 *vol. in-8. demi-rel.*

496 M. T. Ciceronis orationes IV post reditum in senatu, etc. cum notis variorum, et Frid. Aug. Wolfii. *Berolini*, 1801, *in-8. bas.*

497 M. T. Ciceronis oratio pro M. Marcello, recognovit Frid. Aug. Wolfius. *Berolini*, 1802, *in-8. br.* Pap. Vél.

498 Lettres de Cicéron à Atticus, trad. par Mongault. *Liège*, 1773, 4 *vol. in-12. v. m.*

499 De la République, trad. de Cicéron, (par M. Bernardi). *Paris*, 1798, *in-8. cart.* Pap. Vél.

5oo De la République, trad. de Cicéron, par Bernardi. *Paris*, 1807, 2 *vol. in-12. bas.*

5o1 Jo. Aug. Ernesti Clavis Ciceroniana. *Halæ*, 1757, *in-8. v. m.*

5o2 M. Fab. Quintiliani de institutione oratoria libri XII, cum notis varior. *Londini*, 1714, *in-8. v. f.*

5o3 M. Fab. Quintiliani institutiones oratoriæ, cum notis Car. Rollin. *Parisiis*, 1754, 2 *vol. in-12. v. m.*

5o4 Caii Plinii Secundi panegyricus, cum notis varior. curante Joan. Arntzenio. *Amstel.* 1738, *in-4. v. b.*

5o5 Dan. Heinsii orationes. *Lugd. Bat.* 1627, *in-12. v. f.* = Theodoreti de providentia orationes decem, gr. et lat. *Parisiis*, 1630, *in-12. v. m.*

495. B.

497. B. foire

498. gde.

499. B. ruin

503. Robin. x+

§07. gde.

§11. B.

§13. Wil. m^t y

5o6 Alex. Politi orationes: ejusdem animadv.
in Eustathium et Dionysium Periegetam.
Romæ, 1742, *in-4. vél.* ------------------ 2 5

5o7 Recueil des oraisons funèbres de Jacq.
Ben. Bossuet. *Paris*, 1762, *in-12. v. m.* =
Oraisons funèbres de M. Esprit Flechier.
Paris, 1741, *in-12. v. m.* = Oraisons choi-
sies de Mascaron, Bourdaloue, Larue et
Massillon. *Paris*, 1802, *in-12. bas.* ------ 4 ...... 80 ......

5o8 Eloges des académiciens, par Fontenelle.
Londres, 1785, 4 *vol. in-18. v. éc.* ------- 4 ...... 10 ..

5o9 Recueil de différens éloges, par MM. Gail-
lard, Thomas et autres. *Paris*, *in-8. bas.* --- 2 90

5io Discours prononcé dans l'académie françoise, à la réception de M. le Duc d'Har-
court, et autres pieces. *Paris*, 1789, *in-4.*
demi-rel. -----------------------------

5ii Dissertation qui a remporté le prix de
l'académie de Berlin, sur l'influence réci-
proque du langage sur les opinions, etc. et
autres pièces. *Berlin*, 1760, *in-4. demi-*
rel.   3 ------

P O É T I Q U E.

Poëtes Grecs.

5i2 De Sacra poesi hebræorum, auct. Rob.
Lowth. *Oxonii*, 1753, *in-4. v. m.* ------- 6 ---

5i3 Aristotelis de poetica liber, gr. et lat.
Oxonii, è typ. Clarend. 1760, *in-8. v. m.* -- 4 ...... 5..

5i4 Aristotelis de poetica liber, gr. et lat. ex
recens. Th. Christ. Harles. *Lipsiæ*, 1780,
in-8. demi-rel. ----------------------- 3 ... 95

515 Aristotelis de poetica liber, gr. et lat. cum animadv. Th. Tyrwhitt. *Oxonii*, 1794, *in*-8. *bas.*

516 La Poétique d'Aristote, trad. par Dacier. *Amsterd.* 1733, *in*-12. *bas.* == Les quatre Poétiques d'Aristote, d'Horace, de Vida et de Despréaux, avec les traductions et des remarques, par Batteux. *Paris*, 1771, 2 *vol. in*-12. *v. m.*

517 Hephæstionis Alexandrini enchiridion de metris et poemate, gr. cum animadv. Jo. Corn. de Pauw. *Traj. ad Rhen.* 1726, *in*-4. *bas.*

518 Réflexions sur la poésie et la peinture, par l'abbé Dubos. *Dresde*, 1760, 3 *vol. in*-12. *v. m.*

519 Histoire de l'origine et des progrès de la poésie dans ses différens genres, trad. de l'angl. de Brown. *Paris*, 1768, *in*-8. *v. m.*

520 Plutarchi comment. quomodo adolescens poetas audire debeat, gr. et lat. recens. Jo. Tob. Krebsius. *Lipsiæ*, 1746. == Basilii Magni ad adolescentes oratio de modo è litteris græcis utilitatem percipiendi, curâ M. Frid. Guil. Sturz. *Geræ*, 1791. == Menandri comment. de encomiis, græcè, cum notis A. H. L. Heeren. *Gottingæ*, 1785, *in*-8. *demi-rel.*

521 Vibius Sequester de fluminibus, fontibus, quorum apud poetas fit mentio, cum not. varior. et Jer. Jac. Oberlini. *Argentorati*, 1778, *in*-8. *bas.* Pap. Fort.

522 Miscellanea, scilicet: de hymnis vet. græcorum, auct. Snedorf. *Hafniæ*, 1786, *in*-8. == Commentatio de Diis ac Deabus græc.

§17. L.

§21. S.

§22. B.

§23. Wil. ao+

§24. B. Wil. x+

§26. B.

§28. Wil. io+

§29. B. Wil. mo+

et roman. auct. Meyer. *Francof. ad Mœn.*
1790, *in-8. fig.* =Libellus animadv. ad Lon-
ginum, scripsit S. F. N. Morus. *Lipsiæ*, 1773,
in-8. =Xenophontis Hercules Prodicius, et
Silii Italici Scipio, cum not. Aug. Cubaci.
Lipsiæ, 1797, *in-8.* = Dissert. de Diomede
Homeri, auct. Schweigger. *Erlangæ*, 1800,
in-8. demi-rel. = Disputatio hist. crit. de
Panaetio Rhodio, auct. Vanlynden. *Lugd.
Bat.* 1802. *Et alia opuscula, in-8. demi-rel.*

523 Analecta veterum poetarum græcorum,
editore R. Fr. Phil. Brunck. *Argentorati*,
1773, 3 *vol. in-8. demi-rel.* - - - - - -, 25.—

524 Anthologiæ græcæ, à Constantino Ce-
phala conditæ libri tres, gr. et lat. ad. edit.
Joan. Jac. Reiske. *Oxonii*, 1766, *in-8. v. m.* . 10 · · · 5 2

525 Poesis philosophica, græcè. *Excudebat*
H. Stephanus, 1573, *in-8. v. b.* - - - - 2 · · · 5

526 Chrestomathia græca poetica et prosaica,
(stud. Frid. Volg. Reizii). *Lipsiæ*, 1779,
in-8. demi-rel. - - - - - - - - 8 — 50 ··

527 Selecta ex poetis græcis, cum vulgata
versione emendata. *Etonæ*, 1762, *in-8. v. m.* .. 3 · · · ·

528 Homeri opera, gr. et lat. studio Jo. Aug.
Ernesti. *Lipsiæ*, 1760, 5 *vol. in-8. bas.* ... 73 · · ·
Il manque le frontispice du tome premier.

529 Homeri opera, græcè, cum scholiis Di-
dymi. *Oxoniæ*, 1780, 5 *vol. in-8. bas.* - .. 48 · · · 9 5 2

530 Eustathius in Homerum, gr. *Romæ*,
1542, 2 *vol. in-fol. v. f.* - - - - .... 18 · · · ·
Le tom. 1. et l'index.

531 Homeri Ilias ad vet. cod. veneti fidem
recensita, gr. cum scholiis, stud. Joan. Bapt. - 36 · · — 15 ·

Casparis d'Ansse de Villoison. *Venetiis*, 1788, *in-fol. bas.*

532 Homeri Ilias, gr. cum excerptis ex Eustathii commentariis, edidit Joan. August. Mueller. *Misenæ*, 1788, *in-8. br. Libri* 1 à 11. 21 *et* 22.

533 Homeri Ilias, gr. cum annot. C. G. Heyne. *Lipsiæ*, 1804, 2 *vol. in-8. v. rac.*

534 Homeri Ilias, gr. ex recens. Frid. Aug. Wolfii. *Lipsiæ*, 1804, 2 *vol. in-4. fig. bas.*

535 Hymni Homerici, cum reliq. carminibus Homero tribui solitis, et Batrachomyomachia, cum vers. lat. recens. Car. Dav. Ilgen. *Halis Sax.* 1796, *in-8. bas.*

536 Homeri hymnus in Cererem, gr. et lat. à Dav. Ruhnkenio. *Lugd. Bat.* 1782, *in-8. bas.*

537 Apollonii Sophistæ lexicon græcum Iliadis et Odysseæ, cum versione latinâ et not. Joan. Bapt. Casparis d'Ansse de Villoison. *Lut. Parisior.* 1773, 2 *vol. in-4. v. f.*

538 Allegoriæ Homericæ quæ sub Heraclidis nomine feruntur, gr. et lat. editæ à Nic. Schow. *Goettingæ*, 1782, *in-8. bas.*

539 Apotheosis vel consecratio Homeri, à Gisberto Cupero. *Amstelod.* 1683, *in-4. fig. v. f.*

540 Homeri Gnomologia, gr. et lat. per Jac. Duportum. *Cantabrigiæ*, 1660, *in-4. v. b.*

541 Herm. Schlichthorst geographia Homeri. *Gottingæ*, *in-4. demi-rel.*

542 Aug. Guill. Schlegel de geographia Homerica commentatio. *Hanóveræ*, 1788, *in-12. br.* == Troja expugnata: seu supplementum Homeri, auct. Quinto Calabro, gr. et

§32. Cor. ad⁺

§34. B.
~~§35. B.~~

§41. L. tal. B.
§42. L. tal. lier,

543. L.

544. L.

545. L. B.

547. B. Del. cor. aot

548. B.

553. L.

lat. cum notis Cl. Dausquii. *Francofurti*,
1614, *in-8. parch.*
543 Joan. Tzetzæ Antehomerica, Homerica
et Posthomerica, gr. cum comment. Frid.
Jacobs. *Lipsiæ*, 1793, *in-8. bas.*
544 Incerti scriptoris græci fabulæ aliquot
Homericæ de Ulixis erroribus, gr. et lat.
stud. Joan. Columbi. *Lugd. Bat.* 1745, *in-8.*
v. m.
545 Quinti Smyrnæi Posthomericorum libri
XIV, gr. recens. Th. Christ. Tychsen. *Ar-*
gentorati, 1807, *in-8. br.*
546 Hesiodi Ascræi quæ extant, gr. et lat.
cum græcis scholiis, operâ Dan. Heinsii. *Ex*
offic. Plantinianâ, 1603, *in-4. vél.*
547 Hesiodi Ascræi quæ extant, gr. et lat.
cum not. var. curante C. F. Loesnero. *Lip-*
siæ, 1778, *in-8. bas.*
548 Theogonia Hesiodea, gr. edita à Frid.
Aug. Wolf. *Halæ Saxon.* 1783, *in-8. demi-*
rel.
549 Anacreontis carmina, gr. curâ Joan.
Lud. Holst. *Lipsiæ*, 1782, *in-8. demi-rel.*
550 Odes d'Anacréon, en grec, trad. par J.
B. Gail. *Paris*, 2 *vol. in-18. br.* = Essai sur
Pindare, et traduct. de quelques-unes de
ses Odes, par Vauvilliers. *Paris*, 1772,
in-12. demi-rel.
551 Odes d'Anacréon, en grec et en françois,
par M. Gail. *Paris*, *an* 7, *in-4. br.*
552 Odes d'Anacréon, trad. en vers. *Paris*,
1795, *in-12. br.* Pap. Vél. = Elégies de Ti-
bulle, trad. en vers par C. L. Mollevaut.
Paris, 1808, *in-12. br.*
553 Antimachi Colophoni reliquiæ, stud. Car.

Adolp. Gottl. Schellenberg. *Halæ Saxon.* 1786, *in-8. demi-rel.*

554 Pindari opera, gr. et lat. operâ Erasmi Schmidii. 1616, *in-4. v. b.*

555 Pindari carmina selecta, gr. cum not. Frid. Gedike. *Berolini*, 1786, *in-12. cart.* = Homeri hymnus in cererem, gr. ex recens. Ch. Gul. Mitscherlich. *Lipsiæ*, 1787, *in-12. cart.*

556 Pindari carmina, gr. et lat. iterum curavit Christ. Gottl. Heyne. *Gottingæ*, 1798, 3 *vol. in-8. bas.*

557 Carminum Pindaricorum fragmenta, gr. et lat. curavit J. Gottl. Schneider. *Argentorati*, 1776, *in-4. br.*

558 Lycophronis Alexandra, gr. et lat. stud. Guil. Canteri. (*Genevæ*), 1596, *in-8. parch.*

559 Lycophronis Alexandra, gr. et lat. curâ Guil. Canteri. *Coloniæ Allobrogum*, 1601, *in-4. parch.*

560 Theocriti aliorumque poetarum idyllia, gr. et lat. stud. H. Stephani. *Excudebat H. Stephanus*, 1579, *in-18. bas.*

561 Theocriti, Bionis et Moschi carmina Bucolica, gr. et lat. curâ L. C. Valckenaer. *Lugd. Bat.* 1781, *in-8. bas.*

562 Theocriti reliquiæ, gr. et lat. cum not. var. curante Jo. Jac. Reiske. *Viennæ*, 1765, 2 *vol. in-4. bas.*

563 Theocriti idyllia, gr. et lat. stud. L. C. Valckenaer. *Lugd. Bat.* 1773, *in-8. demi-rel.*

564 Theocriti reliquiæ, gr. et lat. ex recens. et cum animadv. Th. Christ. Harles. *Lipsiæ*, 1780, *in-8. bas.*

554. tal.
555. B.

556. Wal. ae⁺ſ
557. B.

561. B.

564. B.

569. But. +

573. L.

~~574. g.~~

565 Idylles de Théocrite, en grec, trad. en
franç. par J. B. Gail. *Paris*, *l'an* 4, 2 *vol.*
in-4. fig. br. . . . . 3..

566 Arati phœnomena et Diosemea, gr. et
lat. curante Jo. Th. Buhle. *Lipsiæ*, 1793,
2 *vol. in-8. bas.* . . . . 12...95.c

567 Callimachi hymni et epigrammata, gr.
et lat. cum not. var. curante Jo. Aug. Er-
nesti. *Lugd. Bat.* 1761, 2 *vol. in-8. bas.* . . 14...50..

568 Callimachi elegiarum fragmenta, cum
elegia Catulli Callimachea, collecta à L. C.
Valckenaer, edid. Joan. Luzac. *Lugd. Bat.*
1799, *in-8. bas.* . . . . 3...—

569 Hymnes de Callimaque, en grec et en
françois, trad. par M. Dutheil. *Paris*, *Imp.*
Roy. 1775, *in-8. bas.* - . . . . . . 3...2

570 Apollonii Rhodii Argonautica, gr. et
lat. à Jer. Hoelzlino. *Lugd. Bat. ex offic.*
Elzeviriand, 1641, *in-8. v. b.* . . . . . 10....20..

571 L'Expédition des Argonautes, trad. d'A-
pollonius de Rhodes, par J. J. A. Caussin.
Paris, *l'an* 5, *in-8. dem. rel.* - . . . . 1...50

572 Bionis et Moschi idyllia, gr. et lat. recensuit M. Joan. Ad. Schier. *Lipsiæ*, 1752,
in-8. demi-rel. - . . . . 1...55.

573 Musæi de Herone et Leandro carmen,
gr. et lat. ex recens. Matt. Rover. *Lugd.*
Bat. 1737, *in-8. bas.* . . . . 3...2

574 Nicandri Alexipharmaca, gr. recens. Jo.
Gottl. Schneider. *Halæ*, 1792, *in-8. bas.* . 5....

575 Oppiani de venatione libri IV, et de Pis-
catione libri V, cum paraphrasi græca librorum de Aucupio, gr. et lat. curavit Joh.
Gottl. Schneider. *Argentorati*, 1776, *in-8.*
bas. - . . . . 9...5 2

576 La Chasse, poëme d'Oppien, trad. en franç. par Belin de Ballu. *Strasbourg*, 1787, *in-8. v. m.*

577 Stratonis aliorumque veterum poetarum græcorum epigrammata, nunc primum à Christ. Adolpho Klotzio edita. *Altenburgi*, 1764, *in-12. demi-rel.*

578 Orphei Argonautica, gr. et lat. cum not. var. curante Hambergero. *Lipsiæ*, 1764, *in-8. v. m.*

579 Apollinarii interpretatio psalmorum versibus heroicis, gr. et lat. recens. Frid. Sylburgius. *E typ. H. Commelini*, 1596, *in-8. v. m.*

580 Æschyli tragœdiæ, gr. cum scholiis. *Ex offic. Henr. Stephani*, 1557, *in-4. vél.*

581 Æschyli tragœdiæ, gr. et lat. *Glasguæ, Foulis*, 1746, 2 *vol. in-8. demi-rel.*

582 Æschyli tragœdiæ, ac deperdita fragmenta, gr. recens. Christ. Godofr. Schutz. *Halæ*, 1782, 3 *vol. in-8. bas.*

583 Æschyli tragœdiarum reliquiæ, gr. et gall. recens. Fr. Joan. Ga. de la Porte du Theil. *Parisiis, anno 3*, 2 *vol. in-8. bas.*

584 Æschyli Prometheus Vinctus, gr. cum schol. gr. edid. Ch. God. Schutz. *Halæ*, 1781, *in-8.* = Euripidis Alcestis, gr. et lat. cum not. var. curante Ch. Th. Kuinoel. *Lipsiæ*, 1789, *in-8. demi-rel.*

585 Tragédies d'Eschyle, (trad. par M. de Pompignan). *Paris*, 1770, *in-8. v. m.*

586 Sophoclis tragœdiæ, gr. et lat. edente Joan. Capperonnier et Joan. Franc. Vauvilliers. *Parisiis*, 1781, 2 *vol. in-4. cart.* Il manque les titres, la préface, etc.

576. Wal x^t 95

679. ∂

580. Cor. h^t

583. Dut. +

584. B. Cor. p^t

593. B.
594. B. cor. a^ty
595. cor. p^t

597. L.

587 Sophoclis tragœdiæ, cum scholiis, versione latinâ et notis Rich. Fr. Phil. Brunck.
Argentorati, 1788, 3 *vol. in-8. bas.* . . . . 33 . . . 5 D

588 Euripidis tragœdiæ, gr. et lat. cum not.
var. curante Chr. Dan. Beckio. *Lipsiæ*,
1778, 3 *vol. in-4. vél.* . . . . 66 . . . 5.

589 Euripidis tragœdia Phœnissæ, gr. et lat.
cum not. Lud. Casp. Valckenaer. *Franequeræ*, 1755, *in-4. bas.* . . . . 12 . . . 5.

590 Euripidis tragœdia Hippolytus, gr. et lat.
cum annot. Lud. Casp. Valckenaer. *Lugd.
Bat.* 1768, *in-4. bas.* . . . . 8 . . . 55.

591 Aristophanis comœdiæ undecim, gr. et
lat. cum not. var. curante Pet. Burmanno
Secundo. *Lugd. Bat.* 1760, 2 *vol. in-4. bas.* . 22 . . . 5.

592 Aristophanis Aves, græcè, recens. Christ.
Dan. Beck. *Lipsiæ*, 1782, *in-8. br.* . . . . 1 . . . 10

593 Aristophanis Nubes, gr. et lat. cum scholiis, studio Ludolp. Kusteri. *Harderovici*,
1752, *in-8. cart.* . . . . 6 . . . 50.

594 Aristophanis Nubes, gr. cum schol. recens. Joan. Aug. Ernesti. *Lipsiæ*, 1799,
in-8. demi-rel. . . . . 6 . . . 95 D

595 Aristophanis comœdia Plutus, gr. cum
scholiis, recognovit Tib. Hemsterhuis. *Har-
lingæ*, 1744, *in-8. vél.* == Le Plutus et les
Nuées d'Aristophane, trad. par Mlle Le-
fevre. *Paris*, 1684, *in-12. v. b.* . . . . 5 . . . 95.

596 Aristophanis comœdia Plutus et Colu-
thi raptus Helenæ, gr. cum animadv. Th.
Chr. Harles. *Norimbergæ*, 1776, *in-8. cart.* . 3 . . . .

597 Menandri et Philemonis reliquiæ, gr. et
lat. cum not. var. *Amstel.* 1709, *in-8. v. j.* . . 6 . . . 40.

Poëtes latins anciens et modernes.

598 Poetæ latini minores. *Glasguæ, Foulis,* 1752, *in*-8. *demi-rel.*

599 T. Lucretii Cari de rerum naturâ libri VI, cum notis Th. Creech. *Londini,* 1754, *in*-8. *v. m.*

600 Catullus, Tibullus et Propertius. *Lut. Parisior. Barbou,* 1754, *in*-12. *v. m.*

601 Alb. Tibulli carmina, ex recens. Chr. G. Heyne. *Lipsiæ,* 1777, *in*-8. *demi-rel.*

602 Pub. Virgilii Maronis opera, cum commentariis Donati, Servii, etc. *Basileæ,* 1575, *in-fol. bas.*

603 P. Virgilii Maronis opera, cum comment. Servii et aliorum, recens. Pancrat. Masvicius. *Leovardiæ,* 1717, 2 *vol. in*-4. *vél.*

604 Pub. Virgilii Maronis opera. *Parisiis,* 1764, *in*-12. *v. m.* = Fables de la Fontaine, édit. stéréotype. *Paris, Didot l'aîné, an* 7, *in*-12. *v. m.*

605 P. Virgilii Maronis opera, cum not. Chr. Gottl. Heyne. *Lipsiæ,* 1788, 4 *vol. in*-8. *bas.*

606 Pub. Virgilius Maro, edit. stereotyp. *Parisiis, Didot, an* 6, *in*-18. *bas.* = Anacréontis carmina, græcè. *Argentorati,* 1778, *in*-18. *bas.*

607 Les Géorgiques de Virgile, trad. par Delille. *Paris,* 1780, *in*-12. *v.m.* = Odes d'Horace, trad. par l'abbé Guyot des Fontaines. *Berlin,* 1759, *in*-12. *v. m.*

598. Del.

604. gde.

611. Bar.

612. B.

613. B.

615. gde.
616. wil. p+

617. Bar.

618. Del.

608 L'Enéide , traduite par Jacques Delille.
Paris , 1804 , 4 *vol. pet. in*-12. *br.* - - - - -

609 Virgilius collatione scriptorum græcorum illustratus, operâ Fulv. Ursini , et ex
recens. Lud. Casp. Valckenarii. *Leovardiæ* , 1747 , *in*-8. *v. f.* - - - - - -

610 Voyage sur la scene des six derniers livres de l'Enéide de Virgile, (au Latium, par
Ch. Vict. de Bonstetten). *Genève* , *an* 13 ,
in-8. *demi-rel.* - - - - - -

611 Q. Horatii Flacci opera , accurante Steph.
And. Philippe. *Lutet. Parisior. Barbou* ,
1754 , *in*-12. *v. m.* - - - - - -

612 Q. Horatii Flacci eclogæ, cum not. Guil.
Baxteri , Gesneri , etc. *Lipsiæ* , 1787 , *in*-8.
demi-rel. - - - - - - -

613 Q. Horatius Flaccus cum locis quibus-
dam é græcis scriptoribus collatus, auct.
Steph. Weston. *Londini* , 1801 , *in*-8. *br.*

614 Q. Horatius Flaccus , cum scholiis Joan.
Bond , ex recens. N. L. Achaintre. *Parisiis* , 1806 , *in*-8. *bas.* - - - - -

615 OEuvres d'Horace, en lat. et en françois,
avec des remarques, par Dacier. *Amsterd.*
1727 , 10 *vol. in*-12. *v. m.* - - - - -

616 Dan. Heinsii in Q. Horatii Flacci opera
notæ, et de satyra Horatiana. *Lugd. Bat.*
ex offic. Elzeviriana , 1629 , 2 *tom. en* 1
vol. in-18. *bas.* - - - - - -

617 Phædri Augusti liberti fabulæ, emendavit Steph. And. Philippe. *Parisiis, Barbou,*
1754 , *in* - 12. *v. m.* - - - - -

618 Phædri Augusti liberti fabularum libri V,
cum notis et suppl. Gabrielis Brotier, ac-

cesserunt parallelæ Joan. de la Fontaine.
Parisiis, Barbou, 1783, *in-12. v. m.*

619 Marc. Manilii astronomicon, cum interpret. gallicâ et notis Al. G. Pingré. *Parisiis*, 1786, *in-8. v. m.*

620 C. Pedonis Albinovani et Pub. Cornelii
Severi Ætna, cum notis variorum. *In-8.
v. m.*
Il manque les titres.

621 Pub. Ovidii Nasonis opera. *Parisiis,
Barbou*, 1762, *3 vol. in-12. v. m.*

622 Commentaire sur les épitres d'Ovide,
par Gasp. Bachet de Meziriac. *La Haye*,
1716, *2 vol. in-8. v. m.*

623 D. Jun. Juvenalis et Auli Persii Flacci
satyræ, cum notis variorum. *Lugd. Bat.*
1648, *in-8. v. b.*

624 D. Jun. Juvenalis et Auli Persii Flacci
satyræ, cum interp. et not. Jos. Juvencii.
Parisiis, 1700, *in-12. v. b.* = C. Val. Catulli epithalamium de nuptiis Pelei et
Thetidos, curâ Frid. Guil. Doeringii. *Num-
burgi*, 1773, *in-8. br.*

625 Juvenalis satyræ ex recognit. Steph. And.
Philippe. *Lut. Par.* 1747, *in-12. v. m.*

626 Satires de Juvénal, trad. par Dusaulx.
Paris, 1770, *in-8. v. m.*

627 A. Persii Flacci satyrarum liber, ex recens. Is. Casauboni. *Parisiis*, 1615, *in-8.*
= Ejusd. Casauboni de satyrica græcorum
poesi, lib. duo. *Parisiis*, 1605, *in-8. v. b.*

628 M. An. Lucani Pharsalia. *Parisiis, Barbou*, 1767, *in-12. v. m.*

629 La Pharsale de Lucain, trad. par Marmontel, *Paris*, 1767, *2 vol. in-12. demi-rel.*

628. Bar.

635. Bar.

637. Bar.

641. Del. B.

642. Bar.

630 C. Valerii Flacci Argonautica, ex recens.
Nic. Heinsii , et Pet. Burmanni. *Patavii*,
1720, *in-8. bas.*

631 C. Silii Italici de bello Punico secundo,
poema, curante J. B. Lefebure de Villebrune. *Parisiis*, 1781, *in-12. v. m.* = M.
Val. Martialis epigrammata, cum notis Th.
Farnabii. *Amstelod.* 1645., *in-12. v. b.*

632 C. Silii Italici Punicorum libri XVII, cum
not. G. Alex. Ruperti, et Chr. Gott. Heyne.
Goettingæ, 1795, 2 *vol. in-8. bas.*

633 Pub. Pap. Statii opera, cum notis variorum, edid. Joan. Veenhusen. *Lugd. Bat.*
1671, *in-8. v. b.*

634 M. Val. Martialis epigrammata. *Parisiis*,
1693, 2 *vol. in-12. v. b.*

635 Marci Val. Martialis epigrammata. *Lut.
Par. Barbou*, 1754, 2 *vol. in-12. v. m.*

636 D. Magni Ausonii opera. *Basileæ*, 1781,
in-8. bas.

637 Aur. Prudentii opera, ex recens. Nic.
Heinsii. *Amstel. Dan. Elzevirius*, 1667,
in-12. v. b.

638 Cl. Claudiani opera, edente Jo. Matth.
Gesnero. *Lipsiæ*, 1759, 2 *vol. in-8. bas.*

639 Pervigilium Veneris, cum not. var. *Hag.
Com.* 1712, *in-8. v. b.*

640 M. Acc. Plauti comœdiæ, (recens. Joan.
Capperonnier). *Parisiis, Barbou*, 1759,
3 *vol. in-12. v. m.*

641 M. Acc. Plauti comœdiæ, cum not. var.
et præfat. Jo. Aug. Ernesti. *Lipsiæ*, 1760,
2 *vol. in-8. bas.*

642 Pub. Terentii comœdiæ sex, ex recens.

Heinsiana. *Lugd. Bat. ex offic. Elsevir.* 1635, *in-*12. *v. b.*

Editio optima.

643 P. Terentii comœdiæ, cum commentario perpetuo Donati, etc. curavit Arn. H. Westerhovius. *Hagæ-Comit.* 1732, 2 *vol. in-*8. *bas.*

644 L. et M. Annæi Senecæ tragœdiæ. *Amstelod.* 1665, *in-*12. *v. b.* = Marcelli Palingenii Zodiacus vitæ. *Basileæ*, 1789, *in-*12. *cart.*

645 Théâtre de Sénèque, trad. par Coupé. *Paris*, 1795, 2 *vol. in-*8. *demi-rel.*

646 Martiani Minei Felicis Capellæ de nuptiis philologiæ et Mercurii, libri duo, recens. Joan. Adam Goez. *Nurimbergæ*, 1794, *in-*8. *demi-rel.*

647 Act. Sinc. Sannazarii opera latine scripta, stud. Jani Broukhusii et Pet. Vlamingii. *Amstelod.* 1728, *in-*8. *v. f.*

648 Renati Rapini hortorum libri quatuor. *Parisiis, Barbou,* 1780, *in-*12. *v. j.* = Jac. Vanierii prædium rusticum. *Parisiis, Barbou,* 1786, *in-*12. *v. j.*

Poëtes Français, Allemands, etc.

649 Histoire de la Poésie françoise, par Massieu. *Paris,* 1739, *in-*12. *v. f.* = L'Homme de Lettres, par Garnier. *Paris,* 1764, *in-*12. *v. m.*

650 Poésies de Malherbe. *Paris, Barbou,* 1764, *in-*8. *v. m.*

651

644. B.

645. and.
646. ⬤. wil. m+

647. And. Merl. h+
648. S. Del. Merl. 6+

651. gde.

656. gde.

659. Bel. gde.
660. and.

651 OEuvres de Boileau Despréaux. *Paris,*
1787, *in*-12. *bas.* = OEuvres choisies de
Rousseau. *Bruxelles,* 1750, *in*-12. *bas.* - - 2...50°

652 OEuvres de Boileau Despréaux. *Paris,*
Crapelet, 1798, *in*-4. *fig.* Pap. Vél. - - 11... 10--

653 OEuvres de Boileau Despréaux, édit.
stéréotype. *Paris, Didot l'aîné, an* 7, 2
vol. in-18. *bas.* = Elite des poésies de
Chaulieu. *Paris, an* 7, *in*-12. *cart.* Pap.
Fort. - - - - - 2...10----

654 L'Art Poétique de Boileau Despréaux,
suivi de sa neuvième satire. *Paris,* 1804,
in-8. *br.* - - - - - - -

655 OEuvres de J. B. Rousseau, publiées par
Seguy. *Paris,* 1753, 4 *vol. in*-12. *v. m.* } 4...45--

656 La Henriade, par Voltaire. *Amst.* 1761,
in-12. *fig. v. m.* = Epitres et pièces fugitives, (de Voltaire). *Londres,* 1771, *in*-8.
demi-rel. - - - - - - - 3...... D

657 Poésies choisies de Gresset. *Paris,* 1802,
in-12. *bas.* Pap. Vél. - - - - - 1...50

658 La Religion vengée, poëme, (par le Card.
de Bernis). *Paris,* 1796, *in*-8. *demi-rel.* - 1...95--

659 OEuvres complètes de Gilbert. *Paris,*
1797, *in*-8. *cart.* = Poésies de Marguerite
Eléon. Clotilde de Vallon Chalys, dans le
XVe. siècle, publ. par Vanderbourg. *Paris,*
1803, *in*-8. *bas.* - - - - - - 8----

660 L'Imagination, poëme, par Jacq. Delille.
Paris, 1806, 2 *vol. in*-12. *br.* = Les trois
règnes de la Nature, par Jacques Delille.
Paris, 1808, 2 *vol. pet. in*-12. *br.* - - 10...95 D

661 La Forêt de Fontainebleau, poëme, par
Ren. Rich. Castel. *Paris,* 1805, *in*-12. *br.* - 3...5--

= L'Espérance, poëme, par J. B. de Saint-Victor. *Paris*, 1803, *in-8. br.*

662 Chefs-d'œuvre de P. Corneille, édit. stéréotype. *Paris*, *Didot l'aîné*, an 8, 3 *vol. in-18. bas.*

663 OEuvres de Jean Racine, édit. stéréotype. *Paris*, *Didot l'aîné*, an 7, 3 *vol. in-18. bas.*

664 Théâtre à l'usage des jeunes personnes, (par madame de Genlis). *Paris*, 1785, 5 *vol. in-12. br.*

665 La Mort d'Abel, par Gessner, trad. par Huber. *Amsterd.* 1762, *in-12. v. m.* = Poëmes et Idylles de Gessner, trad. par Huber. *Paris*, 1764, 2 *vol. in-12. v. m.*

666 Fables de Lessing, en allemand et en françois. *Paris*, 1799, *in-8. br.*

667 La Lusiade de Louis Camoens, (trad. par de la Harpe et d'Hermilly). *Paris*, 1776, *in-8. bas.*

668 Temora, poëme épique en huit chants, composé par Ossian, fils de Fingal, trad. de l'anglais de Macpherson, par le marquis de Saint-Simon. *Amsterd.* 1774, *in-8. v. f.*

669 Le Paradis perdu de Milton, trad. de l'anglais par Racine le fils. *Paris*, 1755, 3 *vol. in-12. v. m.*

670 Le Paradis perdu de Milton, avec les remarques d'Addisson, trad. de l'angl. (par Dupré de Saint-Maur). *Paris*, 1765, 4 *tom. en 2 vol. in-12. v. m.*

671 Le Paradis perdu de Jean Milton, trad. en vers par Jacq. Delille. *Paris*, 1805, 3 *vol. in-18. br.*

667 - S.

670. gd.

672. Del. 9de.

673. Del.

675. l. Del.

679. Del. 9de.
680. 9de.

672 Les Nuits d'Young, trad. par le Tour-
neur. *Lyon*, 1769, 2 *vol. in-12. demi-rel.*
= Meditations d'Hervey, trad. par le Tour-
neur. *Paris*, 1781, *in-12. v. m.* — — — — —

Mythologie, etc.

673 Opuscula mythologica, physica et ethi-
ca, gr. et lat. ex recens. (Th. Gale). *Amstelod.* 1688, *in 8. vel.* — — — — — — —

674 Apollodori bibliothecæ libri tres, græcè,
à Chr. G. Heyne. *Goettingæ*, 1782, 4 *vol.
in-12. br.* — — — — — — — —

675 Bibliothèque d'Apollodore l'Athénien,
en grec et en franç. trad. par M. Clavier.
Paris, 1805, 2 *vol. in-8. bas.* — — —

676 Antonini Liberalis transformationum
congeries, gr. et lat. cum not. var. *Lugd.
Bat.* 1774, *in-8. bas.* — — — — — —

677 Porphyrius de antro nympharum, gr. et
lat. cum annot. R. M. Van Goens. *Traj. ad
Rhen.* 1765, *in-4. bas.* — — — — — —

678 Auctores mythographi latini, cum not.
var. curante August. Van Staveren. *Lugd.
Bat.* 1742, *in-4. v. m.* — — — — — —

679 Dictionnaire de la Fable, par Chompré,
augmenté par A. L. Millin. *Paris*, 1801,
in-8. bas. — — — — — — —

680 Les trois fabulistes, Esope, Phèdre et
la Fontaine, par Chamfort et Gail. *Paris*,
1796, 4 *vol. in-8. demi-rel.* — — — —

681 Luc. Apuleii opera. *Altenburgi*, 1778, 2
vol. in-8. bas. — — — — — —

632 L. Apuleii opera. *Biponti*, 1788, 2 *vol. in-8. cart.*

683 OEuvres choisies de Maître François Rabelais. *Genève*, 1752, 3 *vol. in-12. v. m.*

684 Cononis narrationes L. et Parthenii narrationes amatoriæ, gr. et lat. *Gottingæ*, 1798, *in-8. demi-rel.*

685 Achillis Tatii de Clitophontis et Leucippes amoribus lib. VIII, gr. et lat. ex recogn. Chr. Guill. Mitscherlich. *Biponti*, 1792, *in-8. bas.*

686 Heliodori Æthiopica, gr. edidit Alex. Bas. Coray. *Parisiis*, 2 *vol. in-8. bas.*

687 Longi pastoralium de Daphnide et Chloe lib. IV, gr. et lat. ex recens. et cum animadv. Jo. Bapt. Casparis d'Ansse de Villoison. *Parisiis*, 1778, *in-8. bas.*

688 Charitonis Aphrodisiensis de Chærea et Callirrhoe amatoriarum narrat. lib. VIII, gr. et lat. cum animadv. Jac. Phil. d'Orville. *Amstelod.* 1750, *in-4. v. m.*

689 Bibliothèque des Romans grecs, trad. en françois. *Paris*, 1797, 12 *vol. in-18. br.*

690 Les Aventures de Télémaque, par Fénélon. *Paris*, 1763, 2 *vol. in-12. fig. v. m.* = Hymne au Soleil, par l'abbé de Reyrac. *Paris*, 1782, *in-8. br.*

691 Les Aventures de Télémaque, par Fénélon, en franç. et en angl. *Paris*, 1784, 2 *vol. in-12. fig. bas.*

692 Histoire de Gil-Blas de Santillane, par le Sage. *Paris*, 1786, 4 *vol. in-12. fig. v. m.*

693 Les Souvenirs de Félicie L. par madame de Genlis. *Paris*, 1804, 2 *vol. in-12. br.*

632. S.

684. i.

685. i.

686. i.

687. S.

688. i.

690. gde:

692. gde.

695. gde.

698. B.

700. Del.

694 Don Quichotte de la Manche, trad. de
Mich. Cervantes, par Florian. *Paris*, 1802,
6 *vol. in-*18. *br.* — — — — . . . . . 3 . . .

695 Nouveaux Contes turcs et arabes, par
M. Digeon. *Paris*, 1781, 2 *vol. in-*12. *br.* — — 2 —

*Critiques, Satires, Dissertations philolo-
giques, etc.*

696 Athenæi deipnosophistarum libri XV,
gr. et lat. cum Jac. Dalecampii et Is. Casauboni notis. *Lugduni*, 1612, 2 *tom. en*
1 *vol in-fol. en peau verte.* — — — — — 18 — — 5

697 Animadversionum in Athenæi deipno-
sophistas, tomus IX, auct. Joan. Schweighaeuser. *Argentorati*, 1807, *in-*8. *br.* Pap.
Fort. — — — . . . . . . — — . 3 . . . .

698 Dionysii Halicarnassei de priscis script.
tract. gr. et lat. cum notis Guil. Holwell.
Londini, 1766, *in-*8. *bas.* . — — . . . 9 . . .

699 Auli Gellii noctes atticæ, cum notis Joh.
Lud. Conradi. *Lipsiæ*, 1762, 2 *vol. in-*8.
v. m. — — . — — — — — . . . 10 . . . . 60 . .

700 Aur. Theod. Macrobii opera, cum notis
varior. edidit et annot. Jo. Car. Zeunius.
Lipsiæ, 1774, *in-*8. *bas.* — — . . . . . . 5 . . 95

701 Alexandri ab Alexandro genialium die-
rum libri sex, (edente Joan. Ferrerio). *Lugduni*, 1615, *in-*8. *v. m.* = Guil. Canteri
novæ lectiones. *Antverpiæ*, 1571, *in-*8.
parch. — — — — . . . 1 . . . 10 .

702 Lod. Cælii Rhodigini lectiones antiquæ.
Basileæ, 1550, *in-fol. v. b. l. r.* — — . . . 2 . . . .

703 Jani Rutgersii variæ lectiones. *Lugd. Bat.* 1618, *in-4. v. m.*

704 Henr. Valesii emendationum libri V, et de critica libri duo, edente Pet. Burmanno. *Amstelod.* 1740, *in-4. v. m.*

705 Jac. Palmerii exercitationes in optimos ferè auctores græcos. *Lugd. Bat.* 1668, *in-4. bas.*

706 Is. Vossii variarum observationum liber. *Londini*, 1685, *in-4. demi-rel.*

707 Gisb. Cuperi observationum libri tres. *Ultrajecti*, 1670, *in-8. demi-rel.*

708 Lettres de critique et de littérature, par Gisbert Cuper. *Amsterdam*, 1755, *in-4. v. m.*

709 Pet. Wesselingii probabilium liber. *Franequeræ*, 1731, *in-8. cart.*

710 Joan. Piersoni verisimilium libri duo. *Lugd. Bat.* 1752, *in-8. cart.*

711 Epistolæ Vinarienses, in quibus multa græcorum scriptorum loca emendantur, curâ J. B. Casp. d'Ansse de Villoison. *Turici*, 1783, *in-4. br.*

712 Bibliotheca critica, auct. Wyttenbach. *Amst.* 1777, 11 *part. en* 3 *vol. in-8. cart.*

313 Lettre critique de F. J. Bast, sur Antoninus Liberalis, Parthenius et Aristenete. *Paris*, 1805, *in-8. br.* Pap. Vél.

714 La manière de bien penser dans les ouvrages d'esprit, (par le P. Bouhours). *Paris*, 1768, *in-12. v. m.* = Auteurs déguisés sous des noms étrangers, (par A. Baillet). *Paris*, 1690, *in-12. v. b.*

715 Supplément à la philosophie de l'histoire de feu l'abbé Bazin, (Voltaire, par

715. Merl. m⁺y

719. Merl. h[+]

721. B. ~~Merl.~~ x[+]

724. gde.

725. Wil. m[+]

M. P. H. Larcher). *Amst.* 1769, *in* 8. *v. m.*

716 Essais de critique sur la littérature ancienne et moderne, par Clément. *Paris*,
1785, 2 *vol. in-*12. *v. m.* — — — — — — —   4.ᶠ ... 10.ᶜ

717 Recherches critiques et hist. sur la langue et la littérature égyptienne, par Est.
Quatremère. *Paris, imp. Impér.* 1808, *in-*8.
br. Pap. Vél. — — — — — — — — — —   8 ... —

718 Titi Petronii Arb. satyricon, accurante
Sim. Abbes Gabbema. *Traj. ad Rhen.* 1654,
*in-*8. *v. b.* — — — — — — — — —   5 ... 55.

719 Stultitiæ Laudatio : Desid. Erasmi Declamatio. *Parisiis, Barbou,* 1777, *in-*12. *v. m.*

720 Loci communes sacri et profani sententiarum omnis generis, ex auct. græcis con-
gestarum, per Joan. Stobæum, gr. et lat.
Francof. 1581, *in-fol. v. b.* — — — — —   3

721 Xenophontis memorabilium Socratis dictorum lib. IV, gr. et lat. cum annot. Bolton
Simpson. *Oxonii,* 1780, *in-*8. *bas.* — — —   6 ... 50 ... D

722 Plutarchi apophthegmata regum, etc.
gr. et lat. *Londini,* 1741, *in-*4. *cart.* — — .   3 ...

723 Plutarchi de Placitis philosophorum lib.
V, gr. et lat. cum annot. Edv. Corsinii. *Flo-*
rentiæ, 1750, *in-*4. *v. m.* — — — — — — —   5 ... 40

724 Paroles mémorables recueillies par Gab.
Brotier, publiées par A. C. Brotier, neveu.
Paris, 1790, *in* 8. *bas.* — — — — — — —   3 ... 40 .. D

725 Gnomici poetæ græci, gr. et lat. emendavit Rich. Franc. Phil. Brunck. *Argento-*
rati, 1784, *in-*8. *v. m.* — — — — — —   4 ... 15.

726 Distiques de Caton, en vers grecs, latins
et françois, suivis des quatrains de Pibrac,
trad. en grec, par Dumoulin. *Paris,* 1800,
*in-*8. *br.* — — — — — — — —   1 ...

727 De veterum poetarum sapientiâ gnomicâ, imprimis hebræorum et græcorum, auct. Ulr. And. Rohde. *Hauniæ*, 1799, *in-8. cart.*

728 Proverbiorum et sententiarum persicarum centuria, pers. et lat. à Levino Warnero. *Lugd. Bat.* 1644, *in-4. vél.*

729 Mich. Apostolii paroemiæ, gr. et lat. (edente Dan. Heinsio). *Lugd. Bat.* 1619, *in-4. parch.*

730 Poggiana, ou la Vie et les bons mots du Pogge. *Amsterd.* 1720, 2 *vol. in-12. v. b.*

731 Huetiana, ou pensées diverses de M. Huet, (publiées par l'abbé Jos. Thoulier d'Olivet). *Paris*, 1722, *in-12.* = Mélanges historiques et philosophiques, par Michault. *Paris*, 1770, 2 *vol. in-12. v. m.*

732 Chevræana. *Paris*, 1697, 2 *vol. in-12. v. b.* = Parrhasiana, ou pensées diverses de Théod. Parrhase. *Amsterd.* 1701, 2 *vol. in-12. v. b.*

733 Menagiana, ou les bons mots, etc. de Ménage. *Paris*, 1729, 4 *vol. in-12. v. m.*

734 Longueruana. *Berlin*, 1754, *in-12. v. m.* = Pensées de M. Hume. *Paris*, 1767, *in-12. v. m.* = Pensées de milord Bolingbroke. *Paris*, 1771, *in-12. bas.*

735 Esprit de Marivaux, ou analectes de ses ouvrages. *Paris*, 1769, *in-8. cart.* = Esprit de Leibnitz, (par M. Emery). *Lyon*, 1772, 2 *vol. in-12. v. m.*

736 Horapollinis hieroglyphica, gr. et lat. cum not. var. curante Jo. Corn. de Pauw. *Traj. ad Rhen.* 1727, *in-4. bas.*

727. B.

729. L. ♂ Cor. et

734. gde.

741. Bel.

743. Merl. ait

745. B:
746. L.

Polygraphes grecs, latins, français, etc.

737 Mélanges de littérature orientale, par
Cardonne. *La Haye*, 1771, *in-8. bas.* . . . 1 — 50

738 Chrestomathie arabe, ou extraits de divers écrivains arabes, par M. A. I. Silvestre
de Sacy. *Paris, de l'imp. Impér.* 1806, 3
vol. in-8. br. — 25 — 95

739 Theophrasti opera omnia, gr. et lat. ex
recens. Dan. Heinsii. *Lugd. Bat.* 1613, *in-
fol. v. b.* 7 — 90

740 Luciani Samosatensis opera, gr. et lat.
cum not. var. curante Joan. Fred. Reitzio.
Amstel. 1743, 4 *vol. in-4. v. m.* 59 —

741 Luciani colloquia selecta, gr. et lat. cum
notis Tib. Hermsterhuis. *Asmtelod.* 1732,
in-12. bas. = AEliani varia historia, gr. et
lat. emendavit Tan. Faber. *Salmurii,* 1668,
in-12. vél. 4 — 80

742 Luciani libelli quidam, gr. *Halæ*, 1791,
in-12. cart. = Leon. Allatii Miscellanea
opusculorum gr. et lat. *Coloniæ Agripp.*
1653, *in-8. v. b.* 2 —

743 Sexti Empirici opera, gr. et lat. cum not.
Jo. Alb. Fabricii. *Lipsiæ*, 1718, *in-fol. v. m.* 15 — 95

744 Philostratorum quæ supersunt omnia,
gr. et lat. ex recens Goth. Olearii. *Lipsiæ*,
1709, *in-fol. v. m.* 6 — 20

745 Philostrati heroica, gr. et lat. ex recens.
et cum annot. J. F. Boissonnade. *Parisiis*,
1806, *in-8. bas.* 7 — 5

746 Joan. Stobæi eclogæ physicæ et ethicæ, 21 — 50

gr. et lat. stud. Arn. Herm. Lud. Heeren. *Gottingæ*, 1792, 4 *vol. in-*8. *vél.*

747 Anecdota græca quæ ex MSS. Codd. nunc primum eruit Lud. Ant. Muratorius. *Patavii*, 1709, *in-*4. *vél.*

748 Anecdota græca, sacra et profana, à Jo. Christ. Wolfio. *Hamburgi*, 1722, 4 *tom. rel.* en 2 *vol. in-*8. *vél.*

749 Anecdota græca e regia parisiens. et è veneta Sancti Marci bibliotheca deprompta, gr. edid. Joan. Bap. Caspar d'Ansse de Villoison. *Venetiis*, 1781, 2 *tom. en* 1 *vol. in-*4. *bas.*

750 M. Anton. Mureti opera. *Patavii*, 1741, 3 *vol. in-*8. *bas.*

751 Joan. Meursii opera omnia, Joan. Lamius recensebat. *Florentiæ*, 1741, 12 *vol. in-fol. fig. v. m.*

752 Mélanges de traductions de différens ouvrages grecs, latins, etc. (par M. de Pompignan). *Paris*, 1779, *in-*8. *v. m.*

753 Dissertationes et orationes V varii argumenti; scilicet : de naturâ optimâ eloquentiæ, etc. *in-*4. *br.*

754 Collectio dissertationum varii argumenti. *in-*4. *demi-rel.*

755 Miscellanea italica erudita, collegit Gaudentius Robertus. *Parmæ*, *in-*4. *v. b.*

756 Sam. Petiti Miscellanea. *Parisiis*, 1630, *in-*4. *vél.*

757 Syntagma variarum dissertationum rariorum, ex musæo Joan. Georg. Grævii. *Ultrajecti*, 1702, *in-*4. *v. b.*

758 Had. Relandi dissertationes miscellaneæ. *Traj. ad Rhen.* 1706, *in-*8. *v. b.* = Jac.

750. Merl.
751. Merl. hi+
752. gde. Merl. m+

758. tal. And.

759. and.

761. tal. Wal. ai+

763. tal.

770: gde. Wil. b+

Perizonii dissertationes septem. *Lugd. Bat.*
1740, *in-8. vél.*

759 Miscellanea historiæ philosophicæ, lit-
terariæ et criticæ, à Jac. Bruckero. *August.
Vindelic.* 1748, *in-8. v. m.* ... 3 ... D

760 Prælectiones acad. in schola historices
Camdeniana. *Oxon.* 1692, *in-8. v. b.* ... 1 —

761 Chr. G. Heynii opuscula academica. *Gottingæ*, 1785, 5 *tom. en* 3 *vol. in-8. demi-
rel.* ... 15 ... 50 D

762 Jer. Jac. Oberlini dissertationes acade-
micæ. *Argentorati*, *in-4. demi-rel.* ... 3 ...

763 Opuscula academica, etc. auct. Joan.
Schweighaeuser. *Argentorati*, 1806, *in-8.
br.* ... 5 ... 50 D

764 Prolusiones et opuscula academica, argumenti maximè philologici, auct. Birgero
Thorlacio. *Hauniæ*, 1806, *in-8. br.* ... 1 ... 45 D

765 Dav. Ruhnkenii opuscula oratoria, philologica, etc. *Lugd. Bat.* 1807, *in-8. br.* ... 3 ... 40 ·

766 Commentationes historicæ et criticæ Jo.
Dan. Schoepflini. *Basileæ*, 1741, *in-4.
demi-rel.* ... 1 ... 50

767 Archives littéraires de l'Europe, ou mélanges de littérature, d'histoire et de philosophie. *Paris*, 1804, 17 *vol. in-8. demi-rel.* 36 ... 10 ·

768 Recueil de pièces sur différens sujets. 6
vol. in-8. demi-rel. ... 12 ... 95 D

769 Recueil de pièces intéressantes concernant les antiquités, les beaux-arts, etc.
(trad. par MM. Jansen et Kruthoffer).
Paris, 1787, 6 *vol. in-8. demi-rel.* ... 21 ... 95 ·

770 Essais de Montaigne, avec les notes de
P. Coste. *Londres*, 1754, 10 *vol. in-12. v. m.* 13 ... 50 D

771 OEuvres du Père Rapin. *La Haye*, 1725, 3 *tom. en* 2 *vol. in-*12. *v. b.*

772 OEuvres de Saint-Réal. *Paris*, 1730, 5 *vol. in-*12. *v. b.*

773 OEuvres choisies de l'abbé de Saint-Réal, par N. L. M. Desessarts. *Paris*, 1804, 2 *vol. in-*12. *br.* = OEuvres choisies de Pélisson, par le même. *Paris*, 1805, 2 *vol. in-*12. *br.*

774 Dissertations sur différens sujets, par P. D. Huet, recueillies par l'abbé de Tilladet. *La Haye*, 1720, 2 *vol. in-*12. *bas.* = Pet. Dan. Huetii de rebus ad eum pertinentibus comment. *Amstelod.* 1718, *in-*12. *bas.*

775 OEuvres choisies de Fénélon. *Paris*, an 6, 6 *vol. in-*12. *demi-rel.*

776 Mélanges d'histoire et de littérature, par Vigneul de Marville, (Dom Bonav. d'Argone), (publiés par l'abbé Banier). *Paris*, 1725, 3 *vol. in-*12. *bas.*

777 Recueil de pièces fugitives, par Archimbaud. *Paris*, 1717, 2 *vol. in-*12. *v. m.*

778 OEuvres de Montesquieu. *Amst.* 1760, 6 *vol. in-*12. *v. m.*

779 Essais dans le goût de ceux de Montaigne, (par M. d'Argenson). *Paris*, 1788, *in-*8. *demi-rel.*

780 Dissertations historiques, politiques et littéraires, par de Guasco. *Tournay*, 1756, 2 *vol. in-*8. *bas.*

781 OEuvres de Vauvenargues. *Paris*, 1797, 2 *vol. in-*8. *br.* Pap. Vél.

782 OEuvres complètes de Vauvenargues. *Paris*, 1806, 2 *vol. in-*8. *br.*

783 OEuvres morales et galantes de Duclos. *Paris*, 1797, 5 *vol. in-*8. *br.*

773. Bel. gde.

779. gde.

781. Bar.
782. gde. cail.
783. cail.

784. Merl. x+
785. wil. ao+ cail.

788. gde.
789. Del. gde.
790. L.
791. Bar.
793. gde.

795. gde.
796. B.

784 OEuvres de Pompignan. *Paris*, 1784. 4 *vol. in*-8. *v. éc.* - - - - - - - - - - - 7...60[c]

785 OEuvres complétes de Thomas. *Paris*, 1802, 5 *vol. in*-8. *br.* = OEuvres posthumès du même. *Paris*, 1802, 2 *vol. in*-8. *br.* - - - 12...D

786 OEuvres complètes du cardinal de Bernis. *Paris*, 1798, 3 *vol. in*-4. *cart.* - - - - - 5...

787 OEuvres posthumes de l'abbé de Mably. *Paris*, 1790, 4 *vol. in*-12. *br.* - - - - - 1—

788 Discours et Mémoires, (par J. Silv. Bailly). *Paris*, 1790, 2 *vol. in*-8. *demi-rel.* - - 5...D

789 OEuvres posthumes de Marmontel, logique, morale et mémoires. *Paris*, 1805, 6 *vol. in*-12. *br.* - - - - - - - 10..95D

790 OEuvres diverses de J. J. Barthélemy. *Paris*, *l'an* 6, 2 *vol. in*-8. *br.* Pap. Vél. - 12..95

791 OEuvres choisies et posthumes de M. de La Harpe. *Paris*, 1806, 4 *vol. in*-8. *br.* - 16—5.

792 Variétés littéraires, (par l'abbé Arnaud et Suard). *Paris*, 1768, 4 *vol. in*-12. *bas.* - 3..75

793 Mélanges de littérature, par J. B. A. Suard. *Paris*, 1803, 5 *vol. in*-8. *demi-rel.* - 15..50D

794 Variétés littéraires. *Paris*, 1804, 4 *vol. in*-8. *demi-rel.* - - - - - - - 6...10

795 Recueil de diverses pièces présentées à l'Institut, rapports, etc. *in*-4. *br.* - - - 12...50D

796 Pensées de Leibnitz, sur la religion et la morale. *Paris*, 1803, 2 *vol. in*-8. *demi-rel.* - - - - - - - - - - 11—50D

On trouve à la tête du premier volume la note suivante, écrite de la main de M. de Sainte-Croix.

A la fin de ce volume est une dissertation qui n'a été imprimée que long-temps après, et qui ne se trouve que dans un fort petit nombre d'exemplaires. (Elle est intitulée : Dissertation sur la mitigation de la peine des Damnés).

790 Double. 3 un. rel. - - - - - 8..95D

797 Recueil de diverses pièces sur la philosophie, la religion naturelle, l'histoire, etc.
par Leibnitz, Clarke, Newton et autres.
Amsterd. 1740, 2 *vol. in-12. v. m.*

798 Variétés morales et amusantes, trad. des
journaux anglois, (par l'abbé Blanchet).
Paris, 1784, 2 *vol. in-12. v. m.*

Epistolaires.

799 Phalaridis epistolæ, gr. et lat. commentario illustravit Joan. Dan. à Lennep. *Gro-*
ningæ, 1777, *in-4. demi - rel.* = Rich.
Bentleii dissert. de Phalaridis, Themistoclis aliorumque epistolis, ex anglico in la-
tinum convertit Joan. Dan. à Lennep. *Gro-*
ningæ, 1777, *in-4. cart.*

800 Rich. Bentleii opuscula philologica, dis-
sertationem in Phalaridis epistolas, etc.
complectentia. *Lipsiæ*, 1781, *in-8. demi-*
rel.

801 Aristæneti epistolæ, gr. et lat. *Parisiis*,
1610, *in-8. vél.*

802 Aristæneti epistolæ, gr. et lat. stud. Frid.
Lud. Abresch. *Zwollæ*, 1749, *in-8. bas.*

803 Libanii Sophistæ epistolæ, gr. et lat. cum
not. Chr. Wolfii. *Amst.* 1738, *in-fol. v. m.*

804 Photii epistolæ, gr. et lat. cum notis Rich.
Montacutii. *Londini*, 1651, *in-fol. v. b.*

805 C. Plinii Secundi epistolæ et panegyricus,
recens. Joan. Nic. Lallemand. *Parisiis*,
Barbou, 1788, *in-12. v. m.*

806 Pet. Abælardi et Heloissæ epistolæ, curâ
Ric. Rawlinson. *Londini*, 1718, *in-8. v. m.*

797. f.

798. gde.

799. l. cor.

804. l.

806. l. wil. pᵗ

810. Bel. Bär.
811. And.

807 Cl. Salmasii epistolæ, curante Ant. Cle-
   mentio. *Lugd. Bat.* 1656, *in-4. vél.*
808 Thesaurus epistolicus Lacrozianus. *Lip-*
   siæ, 1742, 3 *vol. in-4. demi-rel.*
809 Jo. Gasp. Hagenbuchii epistolæ epigra-
   phicæ. *Tiguri*, 1747, *in-4. bas.* - - - - . . . 4 - 25
810 Correspondance littéraire de Jean Franç.
   La Harpe, avec S. M. l'empereur de Russie.
   Paris, 1801, 6 *vol. in-8. br.* - - - . . . 21 - 95
811 Lettres de M. de Haller contre M. de
   Voltaire. *Berne*, 1780, 2 *vol. in-12. v. b.* - - 5 - 95

FIN DES BELLES-LETTRES.

HISTOIRE.

Géographie.

812 Méthode pour étudier l'histoire, par l'abbé Lenglet du Fresnoy. *Paris*, 1772, 15 *vol. in-12. v. m.*

813 L'Esprit de l'histoire, par Antoine Ferrand. *Paris*, 1803, 4 *vol. in-8. br.*

814 Considerations sur l'étude et les connoissances que demande la composition des ouvrages de géographie, par d'Anville. *Paris*, 1777, *in-8. br.*

815 Traité des mesures itinéraires anciennes et modernes, par d'Anville. *Paris, impr. Royale*, 1769, *in-8. demi-rel.*

816 Observations générales sur la manière de considérer et d'évaluer les anciens stades itinéraires. *In-4. br.*

817 Joan. Dav. Michaelis spicilegium geographiæ hebræorum, etc. *Goettingæ*, 1769, *in-4. demi-rel.*

818 Geographiæ sacræ Phaleg, auct. Sam. Bocharto. *Cadomi*, 1646, *in-fol. v. f.*
Exemplaire de Jacq. Le Paulmier de Grentemesnil, annoté de sa main.

819 Notice de la géographie orientale d'Ebn-Hankal, trad. du persan en angl. par sir W. Ouseley, par M. A. I. Silvestre de Sacy. *Paris*, 1802, *in-8. demi-rel.*

813 . 9 de.

817 . tal.

819 . S.

827. tal. *

828. S. Wal. po̅t.

820 Geographiæ veteris scriptores græci minores, gr. et lat. cum not. var. stud. J.
Hudson. *Oxoniæ, è theat. Sheldon.* 1698
et 1712, 4 *vol. in*-8. *fig. v. b.* — — . . . . . . *308 F*

821 Periplus Scylacis Caryandensis, gr. et lat.
cum castigat. Is. Vossii. *Amstel.* 1639, *in*-4.
parch. = Jac. Gronovii animadversio in re-
centem Scylacis editionem, et dissert. de
Scylacis ætate examen. *In*-4. *cart.* — . . . . 1 . . . . *85* C

822 Strabonis geographia, gr. et lat. cum notis Is. Casauboni. (*Genevæ*), 1587, *in-fol.*
vél. . . . . — *8* 10

823 Strabonis rerum geographicarum libri
XVII, gr. et lat. ex recogn. Joan. Phil. Siebenkees. *Lipsiæ*, 1795, 5 *vol. in*-8. *bas.* . . — 27 . . . .

824 Géographie de Strabon, traduite du grec
en franç. (par MM. de la Porte du Theil, Coray et Gossellin. *Paris, imp. Impér.* 1805,
in-4. *cart.* . . . — . . . — . . . . *15* . . .
Le tome 1.

825 Claudii Ptolemæi geographia, gr. et lat.
per Gerard. Mercatorem. *Francofurti*, 1605,
in-fol. v. b. . . . . — . . *9* 10

826 Stephanus de urbibus, gr. et lat. studio
Th. de Pinedo. *Amst.* 1678, *in-fol. v. b.* . . . 7 . . . . *95*

827 Vetus orbis descriptio græci scriptoris, gr.
cum duplici versione et notis Jac. Gothofredi. 1628, *in*-4. *v. b,* — . — . . . . . . 2 . . . .

828 Meletii geographia, gr. *Venetiis*, 1725,
in-fol. demi-rel. . . — . . . . *33* . . . — *D*

829 Géographie des Grecs analysée, ou les
systèmes d'Eratosthènes, de Strabon et de
Ptolémée comparés entr'eux, etc. par M.
Gossellin. *Paris, Didot l'aîné*, 1790, *in*-4.
fig. br. — . — . . . . . — . . . . — 11 . . . 10 . .

830 Recherches sur la géographie systémati-
que et positive des anciens , par M. P. F. J.
Gossellin. *Paris , an* 6 , 2 *vol. in-4. cart.*

831 Pomponius Mela de situ orbis ; C. Jul.
Solini polyhistor ; Æthici cosmographia.
Lugd. Bat. 1646, *in-*12. *bas.* ══ Edrisii
Africa , arab. et lat. curavit Joan. Melch.
Hartmann. *Gottingæ* , 1796, *in-*8. *demi-rel.*

832 Pomponius Mela de situ orbis. *Lugd.
Bat.* 1743 , *in-*18. *v. m.* ══ Philo Byzanti-
nus de septem orbis spectaculis, gr. et lat.
stud. Leon. Allatii. *Romæ* , 1640, *in-*8. *v. b.*

833 Pomponii Melæ de situ orbis libri III ,
cum notis variorum , curante Abrah. Gronovio. *Lugd. Bat.* 1748 , 2 *vol. in-*8. *v. m.*

834 Cl. Salmasii Plinianæ exercitationes in
Caii Julii Solini polyhistora ; item C. J. Solini polyhistor. *Traj. ad Rhen.* 1689 , 2 *vol.
in-fol. vél.*

835 Dicuili liber de mensurâ orbis terræ ,
nunc primum in lucem editus à Car. Athan.
Walckenaer. *Parisiis* , 1807. ══ Varia geo-
graphica : Jo. Fred. Gronovii dissert. de Go-
thorum sede originaria , etc. *Lugd. Bat.*
1739, *in-*8. *cart.*

836 Notitia orbis antiqui , auct. Christ. Cella-
rio. *Cantabrigiæ* , 1703 , 2 *vol. in-*4. *vél.*

837 Orbis antiqui monumentis suis illustrati
primæ lineæ , iterum duxit Jer. Jac. Oberlinus. *Argentorati* , 1790 , *in-*8. *demi-rel.*

838 Géographie ancienne abrégée, par d'Anville. *Paris* , 1768 , 3 *vol. in-*12. *v. m.*

839 Anonymi Ravennatis qui circa sæculum
VII vixit de geographia libri V , cum notis
Pl. Porcheron. *Parisiis* , 1688 , *in-*8. *v. b.*

832. B.

835. tal. ~~lines~~. B.

839. S. ✕.

842. g.de.

846. ∧ (par cur.t de Ste Croise et Balbier du Bocage.)

849. ∧ (par les Meuniers)
   849. B.
     850. g.de.

840 Abrah. Ortelii thesaurus geographicus.
  Antverpiæ, 1596, *in-fol. v. f.* — — —   3f

841 Géographie générale de Varenius, trad.
  par Jurain. *Paris*, 1755, 4 *vol. in-*12. *cart.* 2

842 Géographie moderne, par J. Pinkerton,
  trad. par C. A. Walckenaer. *Paris*, 1804,
  6 *vol. in-*8. *demi-rel. et atlas in-*4.   39 · · · 50 D

843 Analyse de la carte des côtes de la Grèce
  et de l'Archipel, par d'Anville. *Paris*, 1757,
  *in-*4. *br.* — — —   7 · · · 20

844 Description géographique et historique
  de la Morée, par le Père Coronelli. *Paris*,
  1686, 2 *vol. in-*8. *fig. v. b.* — —   4 · · · 60

845 Mémoire sur la mer Caspienne, par M.
  d'Anville. *Paris*, 1777, *in-*4. *br.* — —   2 · · · 20

846 Mémoires historiques et géographiques
  sur les pays situés entre la mer Noire et la
  mer Caspienne, *Paris*, 1797, *in-*4. *fig. cart.* 6

847 Géographie physique de la mer Noire,
  de l'intérieur de l'Afrique et de la Méditer-
  ranée, par A. Dureau de la Malle, fils. *Pa-*
  ris, *an* 7, *in-*8. *br.* — — —   2

848 L'Euphrate et le Tigre, par d'Anville.
  Paris, 1779, *in-*4. *br.* — — —   4 · · · 60

849 Mémoire sur le cours de l'Araxe et du
  Cyrus, *In-*4. *br.* — — —   3 · · · 50

850 Concorde de la géographie des différens
  âges, par Pluche. *Paris*, 1764, *in-*12. *v. m.*
  = Traité élémentaire de géographie astro-
  nomique, naturelle et politique. *Paris*, *an*
  6, *in-*8. *br.* — — —   6 · · · 5 · D

851 Cartes géographiques. *Dans un porte-*
  feuille in-fol. — — —   9

852 Cartes anciennes de d'Anville, collées
  sur toile. *Dans un étui, in-*4. 10 cartes.   16 · · · 50

F ij

849 Double. · · · · · 3 · · · · D

Cartes géograp. · · · · · 4 · · · 30

Cartes · · · · · 2

853 Recueil des cartes pour l'histoire ancienne, et pour l'histoire Romaine de Rollin, par d'Anville. 1740, 2 *vol. pet. in-fol.*
cart.

854 Notice des ouvrages de M. d'Anville, pré-
cédée de son éloge, (par M. Dacier). *Paris,*
1802, *in-8. br.* Gr. Pap.

855 Dictionnaire géographique et historique,
par Bruzen la Martiniere. *Paris*, 1768, 6
vol. in-fol. v. m.

856 Dictionnaire géographique, trad. de Laurent Echard. *La Haye*, 1785, *in-8. bas.*

Voyages.

857 Bibliothèque universelle des voyages,
par M. Boucher de la Richarderie. *Paris*,
1808, 6 *vol. in-8. bas.*

858 Mémoire sur la collection des grands et
petits voyages, par Camus. *Paris*, 1802,
in-4. demi-rel.

859 Voyages faits principalement en Asie,
dans les XII, XIII, XIV et XVe siècles,
par Bergeron. *La Haye*, 1735, 2 *vol. in-4.*
bas. fig.

860 Les Voyageurs modernes, (trad. de l'anglois par de Puisieux). *Paris*, 1760, 4 *vol.*
in-12. v. m.

861 Recueil des voyages qui ont servi à l'établissement et aux progrès de la compagnie
des Indes orientales, des provinces unies.
Rouen, 1725, 10 *vol. in-12. fig. v. m.*

862 Recueil de voyages au nord. *Amsterd.*
1731, 10 *vol. in-12. v. m.*

864. l.

865. l.

866. l.

867. l.

872. l.

863 Histoire des découvertes et des voyages
faits dans le Nord, par M. J. R. Forster,
trad. par M. Broussonet. *Paris*, 1788, 2
vol. in-8. br. 2 — 10.

864 Histoire des pêches, des découvertes et
des établissemens des Hollandais dans les
mers du nord, par Bernard de Reste. *Pa-*
ris, an 9, 3 *vol. in-8. fig. br.* 6 — »

865 Premier voyage autour du monde par
Pigafetta, sur l'escadre de Magellan, en
1519, 20, 21 et 22. *Paris*, *l'an* 9, *in-8.*
fig. demi-rel. 2 — 95 »

866 Voyage autour du monde par Woodes
Rogers, trad. de l'anglais. *Amsterd.* 1716,
2 *vol. in-12. fig. v. b.* 3 — »

867 Voyage autour du monde, par Guil.
Dampier. *Rouen*, 1723, 5 *vol. in-12. fig.*
v. b. 14 — 50.

868 Voyage autour du monde, par Georges
Anson, publié par Rich. Walter, trad. de
l'angl. (par l'abbé de Gua de Malves). *Ge-*
nève, 1750, 3 *vol. in-8. fig. bas.* 7 — 5.

869 Voyage autour du monde, en 1766, 67,
etc. par M. de Bougainville. *Paris*, 1772,
2 *vol. in-8. fig. v. m.* 7 — 50

870 Voyage autour du monde par le Capitaine Cook, (trad. par M. Suard). *Paris*,
1778, 5 *vol. in-8. br.* 7 — 5.

871 Relation du voyage à la recherche de la
Pérouse, par M. de la Billardiere. *Paris*,
l'an 8, 2 *vol. in-8. br. et atlas in-fol. cart.* 17 —

872 Voyage de Benjamin de Tudelle en Europe, Asie et Afrique, trad. de l'hébreu, 9 —

par J. P. Baratier. *Amsterd.* 1734, 2 *vol. in-* 12. *v. m.*

5ⁱ . . — 10ᶜ . . 873 Voyages de Monconys en Europe, en Asie et en Afrique. *Lyon*, 1665, 3 *vol. in-* 4. *v. b.*

12 . . . . . 95' . . 874 Voyages de Thevenot en Europe, Asie, Afrique, etc. *Amst.* 1727, 5 *vol. in-*12. *fig. v. b.*

7 — 50 . . 875 Relation de voyages faits dans l'Afrique, dans l'Amérique et aux Indes, par Dralsé. de Grand Pierre. *Paris*, 1718, *in-*12. *bas.* = Dissertation sur les mœurs, les usages, etc. des Hindous. *Paris*, 1769, *in-*12. *demi-rel.*

D 6 . . . 5 . . 876 Voyage en Turquie, en Perse, en Arménie, Arabie et en Barbarie, par un miss. de la comp. de Jésus. *Paris*, 1729, *in-*12. *v. b.* = Relation du voyage fait en Egypte par Granger, en 1730. *Paris*, 1745, *in-*12. *v. m.*

4 — — — 877 Voyages de Rich. Pockocke, trad. par une société de gens de lettres. *Paris*, 1772, 6 *vol. in-*12. *demi-rel.*

2 . . — 80 · 878 Voyage par l'Italie, en Egypte au mont Liban, par de Binos. *Paris*, 1787, 2 *vol.in-*12. *br.* = Nouveau voyage de Gréce, d'Egypte, de Palestine, d'Italie, de Suisse, etc. en 1721, 22 et 23. *La Haye*, 1724, *in-*12. *v. b.*

D 3 . . . . 5 . . 879 Voyages d'un philosophe, (M. Poivre), ou observations sur les mœurs et les arts des peuples de l'Afrique, de l'Asie et de l'Amérique. *Lyon*, 1769, *in-*12. *cart.* = Voyage de Dumont, en France, en Italie, etc. *La Haye*, 1699, 3 *tom. en* 1 *vol. in-*12. *fig. cart.*

6 — 10 · · 880 Les voyages de J. B. Tavernier en Tur-

875. L.

876. L. ^ (par le P.re Villot.s)

881. And.

887. L.

quie, en Perse et aux Indes. *Paris*, 1677,
3 *vol. in-4. v. f.*

881 Voyage d'Italie, de Dalmatie, de Grèce
et du Levant, par Spon et Wheler. *Lyon*,
1678, 3 *vol. in-12. fig. v. b.* = Réponse de
Spon à la critique de Guillet. *Lyon*, 1679,
in-12. vél. vert. — 5 ... 5

882 Voyage de Dalmatie, de Grèce et du
Levant, par G. Wheler. *Amst.* 1689, 2 *vol.*
in-12. fig. v. b. — 5 --- 10

883 Voyages en Sicile, dans la grande Grèce
et au Levant, par Riedesel. *Paris*, 1802,
in-8. br. — 1 ... 50

884 Voyages dans l'Asie mineure et en Grèce,
par Rich. Chandler, avec les notes de MM.
J. P. Servois et Barbié du Bocage. *Paris*,
1806, 3 *vol. in-8. demi-rel.* — 9 ... 5

885 Voyage en divers états d'Europe et d'Asie,
(par le P. Phil. Avril). *Paris*, 1692, *in-4.*
v. m. — 1 ... 50

886 Voyage de Paul Lucas, fait en 1714,
dans la Turquie, l'Asie, la Sourie, etc.
Rouen, 1719, 3 *vol. in-12. fig. v. b.* =
Voyage du même dans la Grèce, l'Asie mineure, la Macédoine et l'Afrique. *Paris*,
1712, 2 *vol. in-12. fig. v. b.* = Voyage du
même au Levant. *Paris*, 1704, 2 *vol. in-12.*
v. b. — 8 --- 30

887 Voyage en Turquie et en Perse, par
Otter. *Paris*, 1748, 2 *vol. in-12. v. f.* — 7 ...

888 Voyages depuis Saint-Pétersbourg, dans
diverses contrées de l'Asie, par Jean Bell
d'Antermony, trad. (par Eidous). *Paris*,
1766, 3 *vol. in-12. v. m.* — 3 ...

883 Double Par fat — 3 ... 40

889 Voyages du professeur Pallas dans plusieurs provinces de l'empire de Russie, trad. par Gauthier de la Peyronie. *Paris, l'an 2, 8 vol. in-8. br. et atlas in-fol. cart.*

890 Voyage du Bengale à Saint-Pétersbourg, par G. Forster, trad. par L. Langlès. *Paris, 1802, 3 vol. in-8. br.*

891 Voyage en Crimée et sur les bords de la mer Noire, en 1803, par J. Reuilly. *Paris, 1806, in-8. br.*

892 Voyages de Pietro della Vallé. *Rouen, 1745, 8 vol. in-12. bas.*

893 Voyages de Shaw dans plusieurs provinces de la Barbarie et du Levant, trad. de l'anglois. *La Haye, 1743, 2 vol. in-4. fig. v. f.*

894 Voyage en Syrie et en Egypte, en 1783, 84 et 85, par M. Volney. *Paris, 1787, 2 vol. in-8. fig. bas.*

895 Voyage sur les côtes de l'Arabie heureuse, sur la mer rouge et en Egypte, par Rooke, trad. de l'angl. *Paris, 1788, in-8. br.* = Voyage dans la Grèce asiatique, par Sestini. *Paris, 1789, in-8. br.*

896 Voyage à la mer rouge, sur les côtes de l'Arabie, en Egypte, etc. par Eyles Yrwin, trad. par Parraud. *Paris, 1792, 2 vol. in-8. br.*

897 Voyage à Madagascar, à Maroc et aux Indes orientales, par M. Rochon. *Paris, an 10, 3 vol. in-8. br.*

898 Voyage en Afrique, en Asie, principalement au Japon, par Thunberg, trad. du suédois. *Paris, 1794, in-8. br.*

899 Voyage par le Cap de Bonne-Espérance

894 . and.

895 . i.

896 . i.

900. l.

907. S.
909. l.

à Batavia, à Bantam, etc. par J. S. Stavorinus, trad. par H. J. Jansen. *Paris*, 1798,
in-8. br.

900 Voyage par le Cap de Bonne-Espérance
et Batavia, à Samarang, à Macassar, etc.
par J. S. Stavorinus, (trad. par H. J. Jansen).
Paris, *an 7*, *2 vol. in-8. fig. br.*

901 Les nouvelles découvertes des Russes
entre l'Asie et l'Amérique, trad. de l'angl.
de Coxe. *Paris*, 1781, *in-4. fig. v. m.*

902 Lettres de mylady Montague pendant
ses voyages en Europe. *Paris*, 1795, *2 vol.
in-12. br.* = Les voyages de le Maire aux
îles Canaries, Cap-Verd, Sénégal et Gam-
bie. *Paris*, 1695, *in-12. br.*

903 Voyage en Italie de M. l'abbé Barthélemy. *Paris*, 1801, *in-8. demi-rel.*

904 Voyage en Sicile et à Malthe, trad. de
l'angl. de Brydone, par M. Demeunier.
Paris, 1775, *2 vol. in-8. bas.*

905 Voyage en Sicile, par M. Vivant Denon.
Paris, *Didot l'aîné*, 1788, *in-8. br.*

906 Voyage aux îles de Lipari, en 1781,
par le commandeur Deodat de Dolomieu.
Paris, 1783, *in-8. br.*

907 Voyage littéraire de la Grèce, par Guys.
Paris, 1776, *2 vol. in-8. fig. v. éc.*

908 Voyage en Portugal, depuis 1797 à 1799,
par Link. *Paris*, 1803, *2 vol. in-8. br.*

909 Voyage dans le Tyrol, aux salines de
Salzbourg, etc. par le chev. de Bray. *Paris*,
1808, *in-12. br.* = Voyage dans le Levant
en 1749, 50 et années suiv. par Hasselquitz,
trad. de l'allemand. *Paris*, 1769, *in-12.
v. m.*

910 Voyage en Angleterre, en Ecosse et aux îles Hébrides, par B. Faujas de Saint-Fond. *Paris*, 1797, 2 *vol. in-8. fig. br.*

911 Voyage aux montagnes d'Ecosse et aux Hébrides, trad. de l'angl. *Genéve*, 1785, 2 *vol. in-8. fig. bas.*

912 Voyage dans les montagnes de l'Ecosse, par John Knox. *Paris*, 1790, 2 *vol. in-8. br.*

913 Voyage à la côte septentrionale du comté d'Antrim en Irlande, par Hamilton. *Paris*, 1790, *in-8. br.*

914 Journal d'un voyage dans la Turquie d'Asie et la Perse, fait en 1807 et 1808. *Paris*, 1809, *in-8. br.*

915 Nouvelles relations du Levant, par Poullet. *Paris*, 1668, 2 *vol. in-12. fig. bas.* = Relation d'un voyage de Constantinople, (par Grelot). *Paris*, 1681, *in-12 fig. v. b.*

916 Relation d'un voyage du Levant, par Pitton de Tournefort. *Paris*, 1717, 2 *vol. in-4. fig. v. b.*

917 Voyage au Levant, par Corn. Le Bruyn. *Bruxelles*, 1769, 5 *vol. in-4. fig. bas.*

918 Remarques d'un voyageur moderne au Levant. *Amst.* 1773, *in-12. br.* = Voyage de Gautier Schouten aux Indes orientales. *Rouen*, 1725, 2 *vol. in-12. fig. v. m.*

919 Voyage dans la Troade, par M. Lechevalier. *Paris*, an 7, *in-8. fig. demi-rel.*

920 Voyage de la Propontide et du Pont-Euxin, par J. B. Lechevalier. *Paris*, 1800, 2 *vol. in-8. fig. br.*

921 Voyages du Chevalier Chardin en Perse. *Paris*, 1723, 10 *vol. in-12. fig. v. m.*
Il manque le tome 4.

910. l.
911. l. gde.
912. l.
913. l.
914. l.

923. B.

925. Del. fro.ait

928. i.

922 Voyage dans l'Inde et au Bengale, fait
en 1789, 1790, par L. Degrandpré. *Paris*,
1801, 2 *vol. in-8. fig. br.* . . . .   *5 . . . 10*

923 Voyage de Olof Torée à Surate, à la
Chine, etc. *Milan*, 1771. = Précis historique sur l'économie rurale des Chinois,
par Eckeberg. *Milan*, 1771. = Précis de
l'état des colonies angloises dans l'Amérique septent. par Blackford. *Milan*, 1771,
in-12. v. m. . . . .   *1 . . . 50 D*

924 Voyage en Chine et en Tartarie à la suite
de l'ambassade de Lord Macartney, par
Holmes, trad. par L. Langlès. *Paris*, 1805,
2 *vol. in-8. fig. br.* . . . .   *5 . . . 95*

925 Voyage en Chine, formant le complé-
ment du voyage de lord Macartney, par
John Barrow, trad. par J. Castera. *Paris*,
1805, 3 *vol. in-8. fig. br. et atlas in-4.* . . .   *17 . . . 5 D*

926 Description du Thibet, trad. par J. Reuilly.
Paris, 1808, *in-8. br.* . . . .   *1 . . . 50*

927 Ambassade au Thibet et au Boutan, par
Sam. Turner, trad. par J. Castera. *Paris*,
1800, 2 *vol. in-8. fig. br. et atlas in-4.* . . .   *7 . . .*

928 Voyage d'Innigo de Biervillas à la côte
de Malabar. *Paris*, 1736, *in-12. bas.* =
Relation du voyage du royaume d'Issiny,
par le P. Godef. Loyer. *Paris*, 1714, *in-
12. fig. v. b.* . . . .   *6 . . . 5 D*

929 Relation du voyage de l'île de Ceylan,
trad. de Rob. Knox, (par Rob. Hooke).
Amsterdam, 1693, 2 *tom. en 1 vol. in-12.
fig. vel.* = Voyage à l'île de Ceylan en
1797, etc. par Percival, trad. de l'angl. *Paris*, 1803, 2 *vol. in-8. br.* . . . .   *5 . . . 5*

930 Premier et second voyages de le Vaillant dans l'intérieur de l'Afrique. *Paris*, 1790, *et l'an* 3, 5 *vol. in-8. fig. br.*

931 Voyage dans l'intérieur de l'Afrique en 1795, etc. par Mungo Park, trad. de l'ang. *Paris, an* 8, 2 *vol. in-8. fig. br.*

932 Voyage dans l'intérieur de l'Afrique, par Chr. Fr. Damberger, trad. par L. H. Delamarre. *Paris*, an 9, 2 *vol. in-8. fig. br.*

933 Voyage dans la partie méridionale de l'Afrique, fait en 1797 et 1798, par John Barrow, trad. par L. Degrandpré. *Paris*, 1801, 2 *vol. in-8. br.*

934 Voyage à la côte occidentale d'Afrique, fait en 1786 et 1787, par L. Degrandpré. *Paris*, 1801, 2 *vol. in-8. fig. br.*

935 Nouvelle relation d'un voyage fait en Egypte, (par le P. Vansleb). *Paris*, 1698, *in*-12. *bas.* = Histoire de l'Afrique françoise, par l'abbé Demanet. *Paris*, 1767, 2 *vol. in*-12. *br.*

936 Voyages en Guinée et dans les îles Caraïbes, par P. Erd. Isert, trad. en franç. *Paris*, 1793, *in-8. fig. br.*

937 Voyage à la côte de Guinée, par P. Labarthe. *Paris*, 1805, *in-8. br.*

938 Description de la Nigritie. *Paris*, 1789, *in-8. fig. br.*

939 Relation historique d'Abissinie, trad. du portugais de Jérôme Lobo, par Legrand. *Paris*, 1728, *in-4. fig. v. j.*

940 Voyage au pays de Bambouc, suivi d'observations sur les castes indiennes, etc. (par M. Coste). *Paris*, 1789, *in-8. v. m.*

932. l.

935. l.

936. l.

940. l.

941 Voyage au Sénégal en 1784 et 1785, par Labarthe. *Paris*, 1802, *in-8. fig. br.* . . . . . . 2 . . . . 10.

942 Voyage au Cap de Bonne-Espérance, par Sparmann. *Paris*, 1787, 3 *vol. in-8. fig. bas.* . . . . 7 . . .

943 Voyage au Cap de Bonne-Espérance pendant les années 1796 et 1801, par Percival, trad. de l'angl. par Henry. *Paris*, 1806, *in-8. br.*

944 Histoire générale des voyages et conquêtes des Castillans dans les Indes occidentales, trad. d'Ant. d'Herrera, par N. de la Coste. *Paris*, 1660, 3 *vol. in-4. v. b.* } 4 . . . 50

945 Voyage dans les parties intérieures de l'Amérique septentrionale, par Jonath. Carver, trad. en franç. *Paris*, 1784, *in-8. br.* . . 2 . . . .

946 Journal d'un voyage fait dans l'intérieur de l'Amérique septentrionale, trad. de l'angl. *Paris*, 1793, 2 *vol. in-8. fig. br.* = Voyage chez différentes nations sauvages de l'Amérique septent. par Lelong, trad. de l'angl. *Paris, an 2, in-8. br.* . . . . 3 . . . .

947 Voyages d'Alex. Mackensie dans l'intérieur de l'Amérique septentrionale, trad. par J. Castera. *Paris*, 1802, 3 *vol. in-8. br.* . . 5 . . .

948 Voyage à l'Ouest des monts Alleghanys, dans les états de l'Ohio, par F. A. Michaux. *Paris*, 1804, *in-8. br.* 3 2

949 Voyage dans Etats-Unis de l'Amérique, en 1784, trad. de l'angl. de Smith, (par de Barentin Montchal). *Paris*, 1791, 2 *tom. en 1 vol. in-8. demi-rel.* . . . . 2 . . . 50

950 Voyage dans la Haute Pensylvanie et dans l'état de New-Yorck. *Paris*, 1801, 3 *vol. in-8. br.* . . . . 7 . . .

951 Voyage dans l'intérieur de l'Amérique méridionale, par de la Condamine. *Paris,* 1745, *in-*8. *v. m.*

952 Voyage à la partie orientale de la terre ferme, dans l'amérique méridionale, par F. Depons. *Paris,* 1806, 3 *vol. in-*8. *br.*

953 Voyage au Brésil, par Th. Lindley, trad. par Fr. Soulès. *Paris,* 1806, *in-*8. *br.*

954 Nouvelle relation de la France équinoxiale, par P. Barrère. *Paris,* 1743, *in-*12. *fig. br.* = Journal du voyage fait à la mer du Sud, par Raveneau de Lussan. *Paris,* 1689, *in-*12. *v. b.*

955 Voyage dans les mers de l'Inde, par le Gentil. *En Suisse,* 1780, 5 *vol. in-*8. *bas.* ^ *fig.*

956 Découvertes des françois, en 1767 et 68, dans le sud-est de la Nouvelle Guinée, par (M. de Fleurieu). *Paris, imp. Roy.* 1790, *in-*4. *fig. br.*

957 Relation des malheurs et de la captivité, pendant deux ans et cinq mois, du capitaine David Woodard, et de quatre de ses compagnons, dans l'île de Célébès, située sous la ligne équinoxiale. *Paris,* 1805, *in-*8. *br.*

958 Voyage de la mer du Sud, par Frezier. *Paris,* 1732, *in-*4. *fig. bas.*

959 Voyage à la mer du Sud, sur le vaisseau le Wager, trad. de l'anglois. *Lyon,* 1756, *in-*12. *v. m.* = Premier voyage de M. Biron à la mer du Sud, trad. par Cantwel. *Paris, an* 8, *in-*8. *br.*

960 Voyage à la mer du Sud, par Marion. *Paris,* 1783, *in-*8. *br.* = Histoire de Ken-

952. l. gde.
953. l.
954. l.

957. l.

959. l.

964. S.
965. gde.
966. gde.

tucke, colonie de la Virginie, trad. de l'anglois de Filson. *Paris*, 1785, *in-8. br.*

961 Mémoire sur un nouveau passage de la mer du Nord à la mer du Sud, par Martin de la Bastide. *Paris*, 1791, *in-8. br.*

Chronologie et Histoire universelle.

962 Institutionum chronologicarum lib. duo, per Guil. Beveregium. *Venetiis*, 1738, *in-8. vél.* == Theoph. Sigef. Bayeri opuscula ad hist. antiquam, chronologiam, etc. spectantia, edidit Christ. Adolph. Klotzius. *Halæ*, 1770, *in-8. demi-rel.*   3....50

963 Josephi Scaligeri opus de emendatione temporum. *Genevæ*, 1629, *in-fol. v. b.* ..... 3. ...

964 Thesaurus temporum Eusebii Pamphili, operâ Jos. Justi Scaligeri. *Amstelod.* 1658, *in-fol. v. b.* .... 10....95

965 Dion. Petavii opus de doctrinâ temporum. *Parisiis*, 1627, 2 *vol. in-fol. v. b.* == Ejusdem Uranologium. *Parisiis*, 1630, *in-fol. v. b.* .... 17...

966 Dionysii Petavii rationarium temporum. *Amst.* 1745, 2 *vol. in-8. bas.* .... 10 ...

967 Chronologie de l'Ecriture Sainte, par Alph. des Vignoles. *Berlin*, 1738, 2 *vol. in-4. cart.* .... 6...5.

968 Edw. Simsonii chronicon, historiam catholicam complectens, ex recens. Pet. Wesselingii. *Amst.* 1752, *in-fol. vél.* ...... 11 ...

969 Sam. Petiti eclogæ chronologicæ. *Parisiis*, 1631, *in-4. parch.* == Ger. Joan. Vossii chronologia sacra. *Hag. Comit.* 1659. == ..2 ...5.

Georg. Hornii dissert. de verâ ætate mundi. *Lugd. Bat.* 1659, *in-4. v. b.*

970 Joan. Marshami canon chronicus ægyptiacus, hebraïcus, etc. *Lipsiæ*, 1676, *in-4. v. b.*

971 La Chronologie des anciens royaumes corrigée, traduite de l'anglois de Newton. *Paris*, 1728, *in-4. v. b.* == Défense de la chronologie fondée sur les monumens de l'histoire ancienne, contre le systéme chronologique de Newton, par Freret. *Paris*, 1758, *in-4. v. m.* == Apologie du sentiment de Newton sur l'ancienne chronologie des Grecs, par Stuard. *Francfort*, 1757, *in-4. demi-rel.*

972 L'Antiquité des temps rétablie et défendue contre les Juifs, etc. (par D. Paul Pezron). *Paris*, 1687, *in-4. v. b.* == Défense de l'antiquité des temps, par le même. *Paris*, 1691, *in-4. v. b.*

973 Exercitationes duæ : de ætate Phalaridis et Pythagoræ, ab Henr. Dodwello. *Londini*, 1704, *in-8. v. b.*

974 Eduardi Corsini dissert. IV agonisticæ quibus Olympiorum, Pythiorum, etc. tempus inquiritur ac demonstratur. *Florentiæ*, 1747, *in-4. cart.*

975 Lud. du Four de Longuerue dissertationes de variis epochis et anni forma veterum orientalium. *Lipsiæ*, 1750, *in-4. demi-rel.*

976 Joan. Seldenus de anno civili veterum judæorum, et Jac. Usserius de Macedonum et Asianorum anno solari. *Lugd. Bat.* 1683, *in-8. v. b.*

977

981. gde.

985. gde.

977 Annus et epochæ Syromacedonum in
vetust. urbium Syriæ nummis præsertim
mediceis expositæ, auct. Henr. Noris. *Florentiæ*, 1689, *in-4. fig. v. b. Ch. Magnâ.* . . 2 . . . .

978 De veteribus græcorum romanorumque
Cyclis, etc. auct. Henr. Dodwello. *Oxonii*,
1701, *in-4. v. f.* = Ejusdem Annales Thucydidei et Xenophontei. *Oxonii*, 1702,
in-4. v. f. . . . . 7 . . . 80.

979 Joan. Alb. Fabricii menologium, sive libellus de mensibus, gr. et lat. *Hamburgi*,
1712, *in-12. v. b.* . . . . 1 . . . .

980 L'Art de vérifier les dates, (par Dom Fr.
Clément). *Paris*, 1783, 3 *vol. in-fol. v. m.* 184 . . .

981 Tablettes chronologiques de l'histoire
universelle, sacrée et prophane, depuis la
création du monde, par l'abbé Lenglet Dufresnoy. *Paris*, 1778, 2 *vol. in-8. v. m.* . . 12 . . . 85 . . .

982 Justini historiæ, cum notis variorum, curante Abrah. Gronovio. *Lugd. Bat.* 1760,
in-8. bas. . . . . 9 . . . .

983 Justini historiæ. *Parisiis, Barbou*, 1770,
in-12. v. m. . . . . 4 . . . 60

984 Discours sur l'Histoire universelle, par
J. Ben. Bossuet. *Paris, Cramoisy*, 1681,
in-4. v. f. . . . . 3 . . . .

985 Discours sur l'Histoire universelle, par
Bossuet. *Paris*, 1802, *in-8. bas.* = Oraisons
funèbres, par le même. *Paris*, 1805, *in-8.*
bas. . . . . 6 . . . 50 . . .

986 Histoire universelle, trad. de l'anglois,
d'une société de gens de lettres. *Amsterd.*
1747, *les* 14 *premiers vol. in-4. fig. v. b.* . . 32 . . . 60.

987 Pauli Orosii adversus paganos historia . . 7 . . . 5

rum lib. septem , ex recens. Sigib. Havercampi. *Lugd. Bat.* 1767, *in-4. v. m.*

988 Julii Pollucis historia physica, seu chronicon ab orig. mundi usque ad Valentis
tempora, gr. et lat. edid. Ign. Hardt. *Mona-*
chii, 1792, *in-8. demi-rel.*

989 Ephémérides politiques, littéraires et religieuses, présentant pour chacun des jours
de l'année un tableau des événemens re-
marquables qui datent de ce même jour
dans l'histoire, par le C. Noël. *Paris*, 4 *vol.*
in-8. bas.

990 Mémoires de (M. Colbert de Torcy),
pour servir à l'histoire des négociations depuis le traité de Riswick. *La Haye* , 1757 ,
3 *vol. in-12. v. m.*

Histoire Ecclésiastique , etc.

991 Histoire du peuple de Dieu, par Berruyer.
Paris, 1728 , 7 *vol. in-4. v. b.*

992 Mœurs des Israélites et des Chrétiens ,
par Cl. Fleury. *Paris*, 1760, *in-12. v. m.*
= Discours sur l'Histoire Ecclésiastique,
par Fleury. *Paris* , 1764 , *in-12. bas.*

993 Annales veteris et novi Testamenti, auct.
Jac. Usserio. *Genevæ*, 1722 , *in-fol. bas.*

994 Sulpitii Severi opera omnia. *Amstelod.*
ex offic. Elzeviriana, 1658 , *in-12. v. b.*

995 Eusebii, Socratis scholastici , Theodo-
riti, etc. hist. ecclesiastica, gr. et lat. stud.
H. Valesii. *Parisiis*, 1668 , 3 *vol. in-fol. v. b.*

996 Philostorgii ecclesiasticæ historiæ lib. XII,
gr. et lat. editi à Jac. Gothofredo. *Genevæ*,
1642, *in-4. v. b.*

988. Coray . 6.

989 . gide .

990. fro.x⁺

994. Baruouin

997 Critica histor. chronologica in annales
   eccles. Baronii. *Antuerpiæ*, 1727, 4 *vol.*
   in-fol. v. b. — — — — — — — — — 8[b]

998 Histoire ecclésiastique et des Empereurs, par Tillemont. *Paris*, 1693, 22 *vol.*
   in-4. v. b. — — — — — — — — 30

999 Histoire ecclésiastique, par Fleury. *Pa-*
   ris, 1722, 20 *vol. in-4. v. m.* — — — 14 — 55[c]

1000 Mémoires pour servir à l'histoire ecclésiastique pendant le dix-huitième siècle.
   Paris, 1806, 2 *vol. in-8. br.* — — — 6

1001 Septem Asiæ ecclesiarum et Constantinopoleos notitia, auct. Th. Smitho. *Traj.*
   ad Rhen. 1694, *in-8. cart.* — — — 1

1002 Historia patriarcharum Alexandrino-
   rum. *Parisiis*, 1713, *in-4. v. b.*
1003 Histoire du christianisme des Indes,
   par M. V. La Croze. *La Haye*, 1724, *in-12.*
   fig. v. f. = Histoire du christianisme d'E-
   thiopie, par La Croze. *La Haye*, 1739, *in-*
   12. v. m. = Recherches sur l'état de la religion chrétienne au Japon, trad. de Onno-
   Swier de Haren. *Paris*, 1778, *in-12. v. m.* 4 — 95

1004 Origine de tous les cultes, par Dupuis.
   Paris, *l'an 3*, 4 *vol. in-4. cart.* — — — 18 — 30

1005 Dictionnaire des hérésies, des erreurs
   et des schismes, par l'abbé Pluquet. *Pa-*
   ris, 1762, 2 *vol. in-8. v. m.* — — — 12 — 50 D

1006 Histoire critique de Manichée et du ma-
   nicheisme, par de Beausobre. *Amst.* 1734,
   2 *vol. in-4. bas.* — — — — — — — 14

1007 Essai sur l'histoire du Sabeisme, par le
   B. de Boek. *Metz*, 1788, 2 *vol. in-12. demi-*
   rel. = Historia persecutionis vandalicæ, 4

operâ Theod. Ruinart. *Parisiis*, 1699, *in*-8. *v. b.*

1008 Histoire des Anabaptistes et des Trembleurs, par le P. Franç. Catrou. *Paris.*, 1733, 3 *vol. in*-12. *v. b.*

1009 Histoire des variations des églises protestantes, par Bossuet. *Paris*, 1747, 4 *vol. in*-12. *v. m.*

1010 Essai sur l'esprit et l'influence de la réformation de Luther, par Ch. Villers. *Paris*, 1808, *in*-8. *br.* = Vie de Saint-Vincent de Paul, par Collet. *Paris*, 1804, *in*-12. *bas.*

1011 Acta primorum martyrum, auct. Theod. Ruinart. *Amstel.* 1713, *in-fol. v. b.*

1012 Joan. Mabillonii præfationes ad acta sanctorum ord. Sancti Benedicti. *Rotomagi*, 1732, *in*-4. *v. b.*

1013 Martyrologium romanum. *Parisiis*, 1735, *in*-8. *v. b.*

1014 Vies des Pères et des Martyrs, trad. d'Alban Butler, par Godescard. *Paris*, 1783, 12 *vol. in*-8. *v. m.*

Histoire des Juifs.

1015 Flavii Josephi opera, gr. et lat. cum not. var. curante Sigib. Havercampo. *Amst.* 1726, 2 *vol. in-fol. vél.*

1016 Introduction à l'histoire des Juifs, par Rob. Cleyton, trad. de l'angl. *Leyde*, 1752, *in*-4. *v. m.*

1017 Histoire du monde sacrée et prophane, trad. de Sam. Shuckford, (par J. P. Bernard, Chaufepié et Toussaint). *Paris*, 1752, 3 *vol. in*-12. *v. m.*

1008. and.

1010. gde.

1018 Histoire des Juifs et des peuples voisins,
trad. de l'angl. de Prideaux. *Amst.* 1744,
2 *vol. in-*4. *v. m. fig.* — — — — 5 —

1019 Histoire des Juifs, depuis Jesus-Christ
jusqu'à présent, par Basnage. *La Haye,*
1716, 15 *vol. in-*12. *v. f.* — — — — 12 —

1020 Dissertations critiques pour servir d'é-
claircissement à l'histoire des Juifs, par de
Boissy. *Paris*, 1787, 2 *vol. in-*12. *bas.* =
Dissertations sur les tremblemens de terre
et les éruptions de feu qui firent échouer
le projet formé par l'empereur Julien de
rétablir le temple de Jérusalem, par Warburton. *Paris*, 1754, 2 *vol. in-*12. *v. m.* — 5

1021 De legibus hebræorum ritualibus, lib. 3,
auct. Joan. Spencero. *Hag. Com.* 1686, *in-*4.
v. f. = Cérémonies et coutumes qui s'ob-
servent aujourd'hui parmi les Juifs, trad.
de Léon de Modène, par Simonville. *Paris*, 1710, *in-*12. *v. b.* — 2 — 5

1022 Joan. Seldeni de Synedriis veterum hebræorum libri 3. *Francofurti*, 1696, 2 *vol.*
*in-*4. *bas.* — — — — — — 2 —

1023 Lud. Casp. Valckenarii diatribe de
Aristobulo Judæo. *Lugd. Bat.* 1806, *in-*4.
br. = Ejusdem orationes duæ de atheniensium moribus, etc. *Lugd. Bat.* 1766, *in-*4.
br. — — — — 3 — 10

*Histoire des Chaldéens, des Babyloniens et
des Grecs.*

1024 Jac. Perizonii origines ægyptiacæ et ba-
bylonicæ. *Traj. ad Rhen.* 1736, 2 *vol. in-*
12. *v. m.* — — — — — 3

1025 Barnabæ Brissonii de regio Persarum principatu libri tres, curâ Jo. Henr. Lederlini. *Argentorati*, 1710, *in-12. bas.*

1026 Dictys Cretensis et Dares Phrygius de bello et excidio Trojæ, cum interpret. Annæ Daceriæ, ex recens. Jac. Perizonii. *Amstel.* 1702, *in-4. v. m.*

1027 De l'état et du sort des colonies des anciens peuples, (par M. de Sainte-Croix). *Philadelphie*, 1779, *in-8. br.*

1028 Des anciens gouvernemens fédératifs, et de la législation de Crète, (par M. de Sainte-Croix). *Paris, an 7, in-8. cart.*

1029 Lettres à M. Bailly sur l'histoire primitive de la Grèce, par M. Rabaut de Saint-Etienne. *Paris*, 1787, *in-8. br.*

1030 Pausaniæ græciæ descriptio, gr. et lat. edente Fr. Sylburgio. *Francofurti*, 1583, *in-fol. rel.*

1031 Pausaniæ græciæ descriptio, gr. ex recens. Joan. Frid. Facii. *Lipsiæ*, 1794, 4 *vol. in-8. bas.*

1032 Pausanias, ou voyage historique de la Grèce, trad. par Gedoyn. *Paris*, 1731, 2 *vol. in-4. fig. v. f.*

1033 Voyage d'Anacharsis en Grèce, (par M. l'abbé Barthelemy). *Paris, De Bure*, 1788, 7 *vol. in-8. demi-rel. et atlas in-4.*

1034 Voyage du Jeune Anacharsis en Grèce, par J. J. Barthelemy. *Paris, Didot j. l'an 7*, 7 *vol. grand in-4. et atlas in-fol. br. Pap. Vél.*

1035 Abrégé de l'histoire grecque depuis les temps les plus anciens jusqu'à la prise d'Athènes, par l'abbé Barthelemy. *Paris*, 1793, *in-12. fig. cart.*

1029. yem.

1033. Wil. pmt.

1039. gde.

1042. B.

1044. Wal. xo⁺ 95ᶜ.

1045. tal.

1036 Recueil des tables faites par M. de
Sainte-Croix, pour la dernière édition du
Voyage d'Anacharsis. *Grand in-4. demi-rel.* Pap. Vél. ⸺ 3

1037 Herodoti historiarum lib. IX, gr. et lat.
cum notis Petri Wesselingii. *Amst.* 1763,
in-fol. v. f. ⸺ 190

1038 Herodoti Halicarn. et Ctesiæ Cnidii quæ
extant opera et fragmenta, gr. ex. recens.
Pet. Wesselingii. *Lemgoviæ,* 1781, *in-8.
demi-rel.* ⸺ 10 ⸺ 50

1039 Histoire d'Hérodote, trad. du grec, avec
des remarques historiques, critiques, etc.
Nouvelle édit. par M. Larcher. *Paris,* 1802,
9 *vol. in-8. demi-rel.* ⸺ 60 ⸺ 5

1040 La même histoire d'Hérodote, trad. du
grec, par le même. *Paris, G. Debure et
Th. Barrois père,* 1802, 9 *vol. in-4. br.* Gr.
Pap. Vél. ⸺ 168

1041 Recherches et dissertations sur Hérodote, par le Prés. Bouhier. *Dijon,* 1746,
in-4. v. m. ⸺ 6

1042 Pet. Wesselingii dissertatio Herodotea.
Traj. ad Rhen. 1758, *in-8. demi-rel.* ⸺ 5

1043 Herodoti, Thucydidis, Xenophontis, etc.
illustres loci, etc. gr. stud. Dan. Wyttenbach. *Amstel.* 1794, *in-8. bas.* ⸺ 7

1044 Thucydidis de Bello Peloponesiaco lib.
octo, gr. et lat. cum animadv. Car. And. Du-
keri. *Amst.* 1731, *in-fol. vél.* ⸺ 99 ⸺ 95

1045 Frid. Lud. Abresch dilucidationes Thu-
cydideæ. *Traj. ad Rhen.* 1755, *in-8. bas.* ⸺ 10

1046 Lettres Athéniennes, ou correspondance d'un agent du roi de Perse à Athènes ⸺ 2 ⸺ 5

pendant la guerre du Péloponèse, trad. par Alex. Louis Villeterque. *Paris*, 1803, 4 vol. *in-12. br.*

1047 Xenophontis opera, gr. et lat. edid. Joan. Leunclavius. *Francof.* 1596, *in-fol. v. b.*

1048 Xenophontis opera omnia, græcè, ex recens. J. Gottl. Schneider. *Lipsiæ*, 1800, 6 vol. *in-8. bas.*

1049 Xenophontis œconomicus, apologia Socratis, etc. gr. cum animadv. Jo. Aug. Bachii. *Lipsiæ*, 1749, *in-12. demi-rel.*

1050 Xenophontis memorabilia, gr. *Gothæ*, 1797, *in-12. cart.*

1051 La Cyropedie, ou histoire de Cyrus, trad. de Xenophon, par M. Dacier. *Paris*, 1777, 2 vol. *in-12. v. m.*

1052 L'expédition de Cyrus, ou la retraite des dix mille, trad. de Xenophon, (par le comte de la Luzerne). *Paris*, 1778, 2 vol. *in-12. v. m.*

1053 L'expédition de Cyrus, et la retraite des dix mille, trad. de Xenophon, par M. Larcher. *Paris*, 1778, 2 vol. *in-12. v. m.*

1054 Diodori Siculi bibliothecæ histor. lib. qui supersunt, gr. et lat. ex recens. Pet. Wesselingii. *Amst.* 1746, 2 vol. *in-fol. v. m.*

1055 Q. Curtii Rufi de rebus gestis Alexandri Magni libri X. *Parisiis*, *Barbou*, 1757, *in-12. v. m.*

1056 Q. Curtii Rufi de rebus gestis Alexandri Magni libri, edente Frid. Schmieder. *Gottingæ*, 1803, 2 vol. *in-8. demi-rel.*

1057 Histoire d'Alexandre le Grand, par Quinte-Curce, trad. par Beauzée. *Paris*, *Barbou*, 1781, 2 vol. *in-12. v. m.*

1047. Del..

1053. 9de.

1055. Del.
1056. B. wal. ap^t-50

1058 Arriani expeditio Alexandri Magni et
historia indica, gr. et lat. edente Georg.
Raphelio. *Amstelod.* 1757, 2 *vol. in-8. v. m.*

1059 Arriani expeditionis Alexandri Magni
lib. septem, gr. ex recens. et cum not. Frid.
Schmieder. *Lipsiæ,* 1798, *in-8. bas.*

1060 Arriani historia indica, gr. et lat. ex recens. Frid. Schmieder. *Halæ Magdeb.* 1798,
in-8. demi-rel.

1061 Voyage de Néarque, des bouches de
l'Indus jusqu'à l'Euphrate, ou journal de
l'expédition de la flotte d'Alexandre, trad.
de Will. Vincent, par J. B. L. J. Billecocq.
Paris, an 8, *in-4. fig. cart.*

1062 Parallèle de l'expédition d'Alexandre
dans les Indes, avec la conquête des mêmes
contrées par Thamas Kouli-Kan, par M.
de Bougainville. 1752, *in-8. br.*

1063 Cast. Innocent. Ansaldi de profectione
Alexandri Hierosolyma, dissertatio. *Tau-*
rini, 1780, *in-8. demi-rel.*

1064 Examen critique des anciens historiens
d'Alexandre le Grand, (par M. de Sainte-
Croix). *Paris,* 1775, *in-4. demi-rel.*

1065 Examen critique des anciens historiens
d'Alexandre le Grand, (par M. Guilhem de
Clermont de Sainte-Croix). *Paris,* 1804,
in-4. br. en cart. Pap. Vél.

1066 Nicolai Damasceni historiarum excerpta
et fragm. quæ supersunt, gr. cum duplici
vers. lat. H. Valesii et Hug. Grotii, recens.
Jo. Conr. Orellius. *Lipsiæ,* 1804, *in-8. bas.*

1067 Heraclidæ Pontici fragmenta de rebus
publicis, gr. et germ. edidit Georg. Dav.
Koeler. *Halæ Sax.* 1804, *in-8. demi-rel.*

1068 Vetus græcia illustrata, studio Ubonis Emmii, Frisii. *Lugd. Bat.* 1626, 3 *vol. in-*8. *demi-rel.*

1069 Joan. Laurenbergii græcia antiqua, edidit Sam. Puffendorf. *Amstelod.* 1660, *in-*4. *obl. v. f.*

1070 Jac. Palmerii græciæ antiquæ descriptio. *Lugd. Bat.* 1678, *in-*4. *bas.*

1071 Lamb. Bosii antiquitates græcæ, curâ Jo. Car. Zeunii. *Lipsiæ*, 1787, *in-*8. *vel.*

1072 Antiquités de la Grèce, trad. de Lamb. Bos, par la Grange, avec les notes de Fred. Leisne. *Paris*, 1769, *in-*12. *bas.* == Essai sur la religion des anciens Grecs, (par M. Leclerc de Septchesnes). *Genève*, 1787, *in-*8. *br.*

1073 Observationes in Theonis fastos græcos priores, etc. *Amstelod.* 1735, *in-*4. *demi-rel.*

1074 Græcorum respublicæ ab Ubone Emmio descriptæ. *Lugd. Bat.* 1632, *in-*24. *vel.* == Respublica romana. *Lugd. Bat.* 1629, *in-*24. *vel.* == Nic. Cragii de republica Lacedæmoniorum libri quatuor. *Lugd. Bat.* 1670, *in-*12. *v. m.*

1075 Athènes ancienne et nouvelle, par de la Guilletiere. *Paris*, 1675, *in-*12. *v. b.*

1076 Fasti attici in quibus archontum Atheniensium series, philosophorum, etc. ætas per olympicos annos describuntur, auct. Ed. Corsino. *Florentiæ*, 1744, 4 *vol. in-*4. *v. m.*

1077 Ger. Joan. Vossii de historicis græcis lib. IV. *Lugd. Bat.* 1651, *in-*4. *v. b.*

1076. Wil. ap⁺ cor. po⁺

1078. Del.

1083. gde.

1085. Bar.

Histoire Romaine et Byzantine.

1078 Polybii historiarum lib. qui supersunt gr. et lat. cum not. var. curante Jo. Aug. Ernesti. *Lipsiæ*, 1764, 3 *vol. in-8. v. j.*

1079 Polybii, Diodori Siculi, etc. excerpta ex collectaneis Constantini Porphyrogenetæ, Henr. Valesius nunc primum edidit, gr. et lat. *Parisiis*, 1634, *in-4. v. f.*

1080 C. Crispi Sallustii opera, cum notis variorum. *Lugd. Bat.* 1677, *in-8. demi-rel.*
= Traduction de Salluste, avec le texte et des notes, par Dotteville. *Paris*, 1806, *in-12. v. j.*

1081 C. Crispi Sallustii quæ extant, curante Joan. Pet. Millero. *Berolini*, 1751, *in-8. demi-rel.*

1082 Sallustii opera. *Parisiis, Barbou*, 1761, *in-12. v. m.*

1083 Histoire de la république romaine, par Salluste, pub. par le Prés. de Brosses. *Dijon*, 1777, 3 *vol. in-4. fig. br.*

1084 Discours historiques sur Salluste, par Th. Gordon, (trad. par de Silhouette). 1759, 2 *vol. in-12. v. m.*

1085 C. Julii Cæsaris quæ extant, ex emendat. Jos. Scaligeri. *Lugd. Bat. ex offic. Elzeviriana*, 1635, *in-12. v. b.*
Editio optima.

1086 C. Jul. Cæsaris opera. *Parisiis, Barbou*, 1755, 2 *vol. in-12. v. m.*

1087 C. Jul. Cæsaris opera, è recens. Fr. Ouden.

dorpii, curavit Jer. Jac. Oberlinus. *Lipsiæ*, 1805, *in-8. bas.* Pap. fort.

1088 Dionysii Halicarnassensis opera, gr. et lat. *Francofurti*, 1586, *in-fol. bas.*
Il manque le frontispice et la fin de la table.

1089 Dionysii Halicarnassensis archæologiæ romanæ quæ ritus romanos explicat synopsis, gr. edid. Dav. Chr. Grimm. *Lipsiæ*, 1786, *in-8. bas.*

1090 T. Livii historiæ, cum notis J. B. L. Crevier. *Parisiis*, 1747, 6 *vol. in-12. bas.*

1091 Titi Livii historiæ, ex recensione Arn. Drakenborchii, curante Aug. Guil. Ernesti. *Lipsiæ*, 1769, 3 *vol. in-8. v. m.*

1092 C. Velleii Paterculi historiæ, cum not. varior. curante Dav. Ruhnkenio. *Lugd. Bat.* 1779, 2 *vol. in-8. bas.*

1093 C. Corn. Tacitus. *Amstelod.* 1649, 2 *vol. in-12. v. m.*

1094 C. Corn. Taciti opera, cum notis Gab. Brotier. *Parisiis*, 1776, 7 *vol. in-12. v. m.*

1095 C. Corn. Taciti opera, ex recens. Joh. A. Ernesti, curavit Jer. Jac. Oberlinus. *Lipsiæ*, 1801, 4 *vol. in-8. bas.*

1096 Tibére, ou les six premiers livres des Annales de Tacite, trad. par de la Bleterie. *Paris, Imp. Royale*, 1768, 3 *vol. in-12. bas.*

1097 Traduction de quelques ouvrages de Tacite, par le même. *Paris*, 1755, 2 *vol. in-12. v. m.*

1098 Observations littéraires, critiques, etc. sur les histoires de Tacite, avec le texte latin corrigé, par Edme Ferlet. *Paris*, 1801, 2 *vol. in-8. bas.*

1090. wil. n+

1094. wil. ah+

1102. B.

1109. B.

1099 Discours historiques et critiques sur Tacite, trad. de Th. Gordon, (par M. D. L. S. Daudé). *Amsterd.* 1742, 2 *vol. in-12. bas.* — — — — — — — — — — — — — —   3....10*c*.

1100 C. Suetonii Tranq. opera, cum not. Sam. Pitisci et variorum. *Traj. ad Rhen.* 1690, 2 *vol. in-8. v. f.* 17—95 — — — .   17...95

1101 L. An. Flori epitome rerum romanarum, cum notis variorum. *Amstelod.* 1702, *in-8. vél.* — — — — — — — —   5.—5.

1102 L. Annæi Flori epitome rerum romanarum, ex recens. Joh. Georg. Grævii et Joh. Frid. Fischeri. *Lipsiæ,* 1760, *in-8. bas.* — — —   3.—10

1103 L. An. Flori epitome rerum romanarum. *Parisiis, Barbou,* 1776, *in-12. v. m.* — — —   3...90.

1104 Appiani Alex. romana historia, græcè. *Lutetiæ, curâ Caroli Stephani,* 1551, *in-fol. v. f.* — — — — — — — — — — —   6....

1105 Appiani Alexandrini romanarum historiarum quæ supersunt, gr. et lat. ex recens. Joan. Schweighaeuser. *Lipsiæ,* 1785, 3 *vol. in-8. v. rac.* — — — — — — — — —   30...95.

1106 Histoire des guerres civiles de la République romaine, traduite du grec d'Appien d'Alexandrie, par J. J. Combes-Dounous. *Paris,* 1808, 3 *vol. in-8. br.* — — — — — —   12....

1107 Cassii Dionis historiæ romanæ quæ supersunt, gr. et lat. edente Herm. Sam. Reimaro. *Hamburgi,* 1750, 2 *vol. in-fol. bas.*   66...

1108 Herodiani historiarum lib. octo, gr. et lat. *Oxon.* 1704, *in-8. v. b.* — — — — —   2...30.

1109 Herodiani historiæ, gr. et lat. *Basileæ,* 1781, *in-8. bas.* — — — — — — — — —   2...2

1110 Histoire d'Herodien, trad. par (Mongault). *Paris,* 1712, *in-12. v. b.* — — — — —   2...60

1111 Les Césars de l'Empereur Julien, trad.
du grec, par de Spanheim. *Amst.* 1728,
in-4. fig. v. f.

1112 S. Aurelii Victoris historiæ romanæ breviarium, cum notis varior. et Sam. Pitisci.
Traj. ad Rhen. 1696, *in-8. v. b.*

1113 Eutropii, Sext. Aurelii Victoris, nec non
Sexti Rufi historiæ romanæ breviarium. *Parisiis, Barbou*, 1793, *in-12. v. m.*

1114 Eutropii breviarium historiæ romanæ,
cum not. var. edidit Car. Henr. Tzschucke.
Lipsiæ, 1796, *in-8. bas.*

1115 Paeanii metaphrasis græca in Eutro-
pium, stud. Joan. Frid. Salom. Kaltwasser.
Gothæ, 1780, *in-8. bas.*

1116 Ammiani Marcellini historiæ, ex recens.
Valesio-Gronoviana, edidit Aug. Guil.
Ernesti. *Lipsiæ*, 1773, *in-8. v. m.*

1117 Zosimi historiæ, gr. et lat. recens. Joan.
Frid. Reitemeier, et cum annot. C. G. Heynii. *Lipsiæ*, 1784, *in-8. bas.*

1118 Historiæ Augustæ scriptores, cum notis
variorum. *Lugd. Bat.* 1671, 2 *vol. in-8. v. b.*

1119 La République romaine, par de Beau-
fort. *Paris*, 1767, 6 *vol. in-12. v. m.*

1120 Abrégé de l'histoire romaine, trad. de
l'anglois de Goldsmith. *Paris*, 1801, *in-8.*
br.

1121 Histoire des révolutions romaines, par
Vertot. *Paris*, 1778, 3 *vol. in-12. v. m.*

1122 Histoire des progrès et de la chûte de la
république romaine, trad. de Fergusson,
(par M. Démeunier). *Paris*, 1784, 7 *vol.*
in-12. v. m.

1123 Notitia dignitatum cum Orientis, tum

1114. Cor.

1115. B.

1116. Del. B.

1117. S. Cor.

1121. gde.

Occidentis, cum comment. Guidi Panciroli.
Lugduni, 1608, *in-fol. v. b.*

1124 Notitia dignitatum Imperii romani, stud.
Phil. Labbe. *Parisiis, è typ. Reg.* 1651, *in-*
12. *v. b.*

1125 Mich. Conradi Curtii commentarii de senatu romano post tempora reipublicæ li-
beræ. *Halæ*, 1768, *in-8. v. m.*

1126 Essai sur le Sénat romain, trad. de
Chapman, (par M. P. H. Larcher). *Paris*,
1765, *in-12. v. m.* ═ Histoire de la décadence des mœurs chez les Romains, par
René Binet. *Paris, l'an 3, in-12. demi-rel.*

1127 Théod. Janssonii ab Almeloveen fas-
torum romanorum consularium lib. duo.
Amsterd. 1740, *in-8. bas.*

1128 Caroli Sigonii fasti consulares ac trium-
phi acti. *Oxonii*, 1801, *in-8. bas.*

1129 Edvardi Corsinii de præfectis urbis, sive
series præfectorum urbi, etc. *Pisis*, 1766,
in-4. demi-rel.

1130 Discours et réflexions critiques sur l'histoire et le gouvernement de l'ancienne
Rome, (par Hook, trad. par son fils). *Pa-*
ris, 1784, 3 *vol. in-12. v. m.*

1131 Pet. Burmanni Vectigalia populi romani. *Leidæ*, 1734, *in-4. v. f.*

1132 Vetera romanorum itineraria, sive Antonini Augusti itiner. cum not. var. curante
Pet. Wesselingio. *Amstel.* 1735, *in-4. v. m.*

1133 Histoire des grands chemins de l'empire
romain, par Bergier. *Bruxelles*, 1728, 2 *vol.*
in 4. fig. v. b.

1134 Justi Fontanini de antiq. Hortæ, coloniæ

etruscórum lib. duo. *Romæ,* 1708, *in-*4. *fig. v. b.*

1135 Vies des empereurs Julien et Jovien, par de la Bleterie. *Paris,* 1746, 3 *vol. in-*12. *v. m.*

1136 Histoire de Théodose le Grand, par Fléchier. *Paris,* 1749, *in-*12. *v. m.*

1137 Agathiæ hist. et poetæ de imp. et reb. Justiniani imper. lib. V, gr. et lat. cum not. Bonav. Vulcanii. *Lugd. Bat.* 1594, *in-*4. *parch.*

1138 Chonicon paschale a mundo condito, etc. gr. et lat. studio Car. Dufresne, D. du Cange. *Parisiis, è typ. Regiá,* 1688, *in-fol. v. m.*

1139 Georg. Cedreni compendium historiarum, gr. et lat. *Parisiis, è typ. Reg.* 1647, 2 *vol. in-fol. v. b.*

1140 Joan. Zonaræ annales, gr. et lat. ex recens. Dom. du Cange. *Parisiis, è typ. Reg.* 1686, 2 *vol. in-fol. demi-rel.*

1141 Annæ Comnenæ Alexias, gr. et lat. studio Pet. Possini. *Parisiis, è typ. Reg.* 1651, *in-fol. v. m.*

1142 Joan. Cinnami historiæ, gr. et lat. curante Dom. du Cange. *Parisiis, è typ. Reg.* 1670, *in-fol. v. m.*

1143 Nicephori Gregoræ Byzantina historia, gr. et lat. stud. Joan. Boivin. *Parisiis, è typ. Reg.* 1702, 2 *vol. in-fol. demi-rel.*

1144 Joannis Antiocheni cognomento Malalæ, historia chronica, gr. et lat. cum not. Edm. Chilmeadi. *Oxonii,* 1691, *in-*8. *v. b.*

1145 Histoire de l'Empire de Constantinople, par

1148. Wil. x+

1149. gde.. Rig. yem. io+

1150. gde.
1151. fro. i+

par Ville-Hardouin. *Paris, imp. Royale,*
1657, *in-fol. v. b.*

1146 Theophylacti institutio regia, ad Por-
phyrogenitum Constantinum, gr. et lat. ex
interp. Pet. Possini. *Paris. è typ. Reg.* 1651,
in-4. v. b. . . . . 2 . . . . 10ᶜ

1147 P. Gyllii de Constantinopoleos topo-
graphia lib. IV, et de Bosphoro Thracio lib.
III. *Lugd. Bat. apud Elzev.* 1632, 2 *vol.
in-*18. *vel.* 5 95

1148 Gesta Dei per Francos, sive Orientalium expeditionum et regni francorum Hie-
rosolimitani historia, (editi per Jac. Bon-
garsium. *Hanoviæ,* 1611, *in-fol. rel. en
peau.* . . . . 8 . . .

1149 Histoire du Bas-Empire, par MM. le
Beau et Ameilhon. *Paris,* 1757, 26 *vol.
in-*12. *v. m.* . . . . 63 . . . 5 . . . D

Histoires d'Italie, de France, etc.

1150 Etats formés en Europe après la chûte
de l'empire romain en Occident, par d'An-
ville. *Paris, impr. Roy.* 1771, *in-4. bas.* . 12 . . . 55

1151 Tableau des révolutions de l'Europe
dans le moyen âge, par Koch. *Strasbourg,*
1790, 2 *vol. in-*8. *demi-rel.* . . . . 6 . . .

1152 Les origines de l'ancien gouvernement
de la France, de l'Allemagne et de l'Italie,
(par de Buat). *La Haye,* 1757, 4 *vol. in-*
12. *v. m.* . . . . 1 . . .

1153 Analyse géographique de l'Italie, par
d'Anville. *Paris,* 1744, *in-4. fig. v. m.* . . . 7 . . . 10

H

1154 Scipionis Maffei origines etruscæ et latinæ. *Lipsiæ*, 1731 ; *in-4. fig. demi-rel.*

1155 Caroli Sigonii de antiquo jure Italiæ lib. tres. *Venetiis*, 1560, *in-4. v. f.*

1156 Histoire de la ligue faite à Cambray contre la république de Venise, (par l'abbé Dubos). *Paris*, 1785, 2 *vol. in-12. v. m.*

1157 Primordia Corcyræ, auct. Ang. Maria Quirino. *Brixiæ*, 1738, *in-4. fig. demi-rel.*

1158 Histoire de Malthe, par de Vertot. *Paris*, 1755, 7 *vol. in-12. v. m.*

1159 Notice de l'ancienne Gaule, par d'Anville. *Paris*, 1760, *in-4. bas. avec la carte.*

1160 Histoire des Celtes, par Sim. Pelloutier, revue et corrigée par de Chiniac. *Paris*, 1770, 8 *vol. in-12. v. m.*

1161 Mémoires pour servir à l'histoire des Gaules et de la France, par Gibert. *Paris*, 1744, *in-12. v. m.* == Histoire critique de l'établissement des Bretons dans les Gaules, par de Vertot. *Paris*, 1720, 2 *vol. in-12. v. b.*

1162 Histoire critique de l'établissement des François dans les Gaules, par le P. Henault. *Paris*, 1801, 2 *vol. in-8. br.*

1163 Abrégé chronologique de l'histoire de France, (par le Prés. Henault). *Paris*, 1761, 2 *vol. in-8. v. éc.*

1164 Recueil de divers écrits pour servir d'éclaircissemens à l'histoire de France, par Lebeuf. *Paris*, 1738, 2 *vol. in-12. v. m.* == Dissertations sur l'histoire de la ville de Paris, par le même. *Paris*, 1739, 3 *vol. in-12. v. f.*

1156. S.

1158. gde.

1160. Merl. am+

1161. gde.

1163. gde.
1164. Wal. ao+gs   Merl. i+

1165. M. de N. merl. ax+
1166. B. merl. m+y.

1168. Merl. x+
1169. Merl. p+y.
1170. gde.
1171. gde. merl. am+
1172. gde.

1165 Histoire et chronique de Jehan Frois-
sart. *Lyon*, 1559, 2 *vol. in-fol. bas.* . . . . 30 . . .

1166 Eginharti vita Caroli Magni, cum an-
notationibus Gab. Godofr. Bredow. *Hel-
mestadii*, 1806, *in-8. demi-rel.* . . . . 3 . . . 95

1167 Histoire de Suger, abbé de Saint-Denis.
Paris, 1721, 3 *vol. in-12. v. b.* . . . 3 . . . 20

1168 Histoire de Saint-Louis, par Joinville.
Paris, 1668, *in-fol. v. b.* . . . . 6 . . . 95

1169 Mémoires de Michel de Marolles. *Amst.*
1755, 3 *vol. in-12. v. m.* . . . . 3 . . .

1170 Mémoires du Cardinal de Retz. *Genève*,
1777, 6 *vol. in-12. v. m.* . . . . 12 . . . 50

1171 OEuvres complètes de Louis de Saint-
Simon, Duc et Pair de France. *Strasbourg*,
1791, 13 *vol. in-8. br.* . . . . 30 . . .

1172 De l'influence de la philosophie sur les
forfaits de la révolution. *Paris, in-8. br.* =
Nouveaux mémoires pour servir à l'histoire
des Cacouacs, (par Moreau). *Amst.* 1757,
in-12. br. = Réflexions sur la révolution
de France, trad. de l'angl. d'Edm. Burke.
Paris, 1791, *in-8. br.* . . . . 3 . . . 5

1173 Du fanatisme dans la langue révolu-
tionnaire, ou de la persécution suscitée par
les barbares du XVIIIe siècle, par Jean
Franç. La Harpe. *Paris*, 1797, *in-8. demi-
rel.* . . . . 2 . . . 60

1174 Mémoires pour servir à l'histoire du ja-
cobinisme, par Barruel. *Hambourg*, 1803,
5 *vol. in-8. br.* . . . . 8 . . . 20

1175 Adresse de la Convention nationale au
peuple français, trad. en arabe par P. Ruf-
fin. *Paris, an 3, in-fol. br.* . . . . 2 . . .

1176 Fastes de Napoléon, en lat. et en françois, ou recueil des inscriptions qui ont décoré la salle du banquet de l'Hôtel de Ville aux fêtes du couronnement, par M. Petit-Radel. *Paris, de l'imp. de Didot l'aîné,* 1804, *in-4. cart.* Pap. Vél.

1177 Histoire de la rivalité de la France et de l'Espagne, par G. H. Gaillard. *Paris,* 1801, 8 *vol. in-*12. *br.*

1178 Histoire de la Maison de Montmorency, par Désormeaux. *Paris,* 1764, 5 *vol. in-*12. *v. j.*

Histoires d'Allemagne, d'Angleterre, etc.

1179 Observations historiq. et géogr. sur les peuples barbares qui ont habité les bords du Danube et du Pont-Euxin, par de Peyssonnel. *Paris,* 1765, *in-4. fig. bas.*

1180 Nouvel abrégé chronologique de l'histoire et du droit public d'Allemagne, par Pfeffel. *Paris,* 1776, 2 *vol. in-4. v. m.*

1181 De la ligue Hanséatique, de son origine, etc. par P. H. Mallet. *Genève,* 1805, *in-8. br.*

1182 Dictionnaire géographique, historique et politique de la Suisse. *Genève,* 1776, 2 *vol in-8. bas.*

1183 Lettres de Will. Coxe sur la Suisse, trad. en franç. *Paris,* 1781, 2 *vol. in-8. demi-rel.*

1184 Histoire de la confédération helvétique, par Alex. Louis de Watteville. *Yverdon,* 1768, *in-8. bas.* = Histoire de la destruc-

1176. Merl. m^t

1178. M. de R. Merl. p^t y.

1179. tal.

1180. gde.
1181. L. gde.

1184. L.

tion des républiques démocratiques de
Schwitz, Uri, etc. par Henri Zschokke.
Paris, 1802, *in-8. demi-rel.*

1185 Histoire des révolutions de Portugal,
par Vertot. *Paris*, 1728, *in-12. v. b.* =
Histoire des révolutions de Suède, par le
même. *Paris*, 1722, 2 *vol. in-12. v. b.*

1186 Tableau de l'Angleterre et de l'Italie,
trad. d'Archenholz, (par L. B. de Bilder-
beck). *Paris*, 1788, 3 *vol. in-12. br.*

1187 Tableau de la Grande Bretagne, de
l'Irlande, etc. *Paris*, *l'an* 8, 4 *vol. in-8. br.*

1188 Histoire des révolutions d'Angleterre,
par Turpin, pour servir de suite à celles du
P. d'Orléans. *Paris*, 1786, 2 *vol. in-12. br.*

1189 Constitution de l'Angleterre, par de
Lolme. *Londres*, 1785, 2 *vol. in-8. br.*

1190 Histoire d'Ecosse, durant les règnes de
la reine Marie, et du roi Jacques VI, trad.
de G. Robertson, (par Besset de la Chapelle). *Paris*, 1785, 3 *vol. in-12. v. m.*

1191 Histoire d'Irlande, trad. de l'anglois de
Gordon, par la Montagne. *Paris*, 1808, 3
vol. in-8. br.

1192 Recherches sur l'origine et les divers
établissemens des Scythes ou Goths, trad.
de J. Pinkerton. *Paris*, 1804, *in-8. bas.*

1193 Monumens de la mythologie et de la
poésie des Celtes, pour servir de supplément à l'introduction à l'histoire de Dane-
marck, par Mallet. *Copenhague*, 1756,
in-4. v. m.

1194 Mémoires concernant les relations qui
existoient au 12ᵉ. siècle entre le Dane-

marck et la France, par F. J. C. Laporte du Theil. *Paris, an 10, in-4. cart.* Pap. Vél.

1195 Histoire des événemens mémorables du règne de Gustave III, roi de Suède, par M. C. J. E. H. d'Aguila. *Paris, 1807, 2 vol. in-8. br.*

HISTOIRE ORIENTALE.

Histoire des Arabes, des Sarrazins, des Turcs, etc.

1196 Bibliothèque orientale, par d'Herbelot. *Paris, 1697, in-fol. v. b.*

1197 Bibliothèque orientale, par Visdelou et Galand, pour servir de supplément à celle de d'Herbelot. 1780, *in-fol. demi-rel.*

1198 Tableau historique de l'Orient, par (Mouradja d'Ohsson. *Paris, 1804, 2 vol. in-8. br.*

1199 Histoire générale des Huns, des Turcs, des Mogols, etc. par M. de Guignes. *Paris, 1756, 5 tom. rel. en 4 vol. in-4. v. m.*

1200 Historia Saracenica, quâ res gestæ Muslimorum explic. arab. et lat. studio Th. Erpenii. *Lugd. Bat. 1625, in-fol. v. b.*

1201 Histoire des Sarrasins, trad. de Simon Ockley, par (N. Jault). *Paris, 1748, 2 vol. in-12. v. m.*

1202 Histoire de Scanderbeg, roi d'Albanie, par le P. Duponcet. *Paris, 1709, in-12. v. f.*

1203 Recherches philosop. sur les Grecs, par de Pauw. *Paris, 1788, 2 vol. in-12. demi-rel.*

1204 Histoire de l'origine, des progrès et de

1195. L.

1199. Dig. 10⁺

1204. Dut.

1208. B.

1210. gde.

1211. gde. mme.

1213. And.

la décadence des sciences dans la Grèce,
trad. de Christ. Meiners, par J. Ch. Laveaux.
Paris, an 7, 5 *vol. in-*8. *demi-rel.*

1205 Les observations de plusieurs singula-
rités trouvées en Grèce, Asie, etc. par P.
Belon. *Paris,* 1588, *in-*4. *fig. parch.* — — —   2 · · · · 20^c D

1206 Lettres sur la Grèce, faisant suite à
celles sur l'Egypte, par Savary. *Paris,*
1788, *in-*8. *demi-rel.*

1207 Lettres sur la Morée et les îles de Cerigo,
Hydra et Zante, par M. Castellan. *Paris,*
1808, *in-*8. *br.*   1 · · · · 10 D

1208 Description historique et géographique
de l'Archipel. *Neuwied,* 1789, *in-*8. *demi-*
rel.   1 · · · · · · D

1209 Relation de ce qui s'est passé à Saint-
Erini, île de l'Archipel, depuis l'établisse-
ment des Jésuites, par le P. Franç. Richard.
Paris, 1657, *in-*8. *parch.*   2 · · ·

Histoires de l'Asie, de l'Afrique et de l'Amé-
rique.

1210 Lettres édifiantes et curieuses, écrites
des missions étrangères. *Paris,* 1780, 26
*vol. in-*12. *bas.*   90 · · · 95 D

1211 Choix des lettres édifiantes écrites des
missions étrangères. *Paris,* 1808, 3 *vol.*
*in-*8. *br.*   12 · · · 50

1212 Hadriani Relandi Palæstina. *Traj. Bat.*
1714, 2 *vol. in-*4. *v. b.*   8 · · · 20

1213 Histoire de Jean de Brienne, roi de
Jérusalem, et empereur de Constantinople.
Paris, 1727, *in-*12. *v. m.* = Histoire de   6 · · · 5 · D

Saladin, sultan d'Egypte, etc. par Marin. *La Haye*, 1758, 2 *vol. in-*12. *br.*

1214 Charta Papyracea græcè scripta musei Borgiani Velitris, qua series incolarum Ptolemaidis Arsinoiticæ in aggeribus et fossis operantium exhibetur, gr. et lat. edita à Nic. Schow. *Romæ*, 1788, *in-*4. *fig. v. m.*

1215 Mosis Chorenensis historiæ Armeniacæ lib. tres, armen. et lat. studio Guil. Whiston. *Londini*, 1736, *in-*4. *v. b.*

1216 Recherches historiques sur la connoissance que les anciens avoient de l'Inde, trad. de W. Robertson. *Paris*, 1792, *in-*8. *demi-rel.*

1217 Antiquité géographique de l'Inde, etc. par d'Anville. *Paris*, *imp. Royale*, 1775, *in-*4. *bas.*

1218 Description historique et géographique de l'Indostan, par James Rennel, trad. par J. B. Boucheseiche. *Paris*, 1800, 3 *vol. in-*8. *br. et atlas in-fol.*

1219 Histoire de la campagne de l'Inde, par l'escadre françoise commandée par M. de Suffren, par Trobbt. *Rennes*, an 10, *in-*8. *br.* = Précis historique de la dernière expédition de Saint-Domingue, par A. P. M. Laujon. *Paris*, *in-*8. *br.*

1220 Lettres philosophiques et historiques à mylord S. sur l'état moral et physique de l'Inde. *Paris*, 1803, *in-*8. *br.*

1221 Etat civil, politique et commerçant du Bengale, trad. de l'angl. par Démeunier. *La Haye*, 1775, 2 *vol. in-*8. *br.*

1222 Histoire du Grand Genghizcan, par Petis de la Croix. *Paris*, 1710, *in-*12. *v. b.*

1216. But.

1218. Del.

1219. B.

1220. gde.

1222. tal.

1223. S.

= Du royaume de Siam, par de la Loubere. *Paris*, 1691, 2 *vol. in-*12. *fig. bas.* Pap. Fort.

1223 Histoire naturelle, civile et politique du Tunquin, par l'abbé Richard. *Paris*, 1778, 2 *vol. in-*12. *v. m.* = Mémoire dans lequel on prouve que les Chinois sont une colonie égyptienne, par de Guignes. *Paris*, 1759, *in-*12. *v. m.* — 3f..2

1224 Lettres au P. Parrenin, missionnaire à Pékin, contenant diverses questions sur la Chine, par M. Dortous de Mairan. *Paris*, 1770, *in-*8. *demi-rel.* = Histoire généalogique des Tatars, (par de Varennes). *Leide*, 1726, *in-*12. *vél.* — 1..50.

1225 Histoire de la conquête de la Chine par les Tartares, par de Palafox, traduite par Collé. *Paris*, 1670, *in-*8. *v. b.* = Hist. des Druses, peuples du Liban, par Puget de Saint-Pierre. *Paris*, 1763, *in-*12. *fig. bas.* = Anciennes relations des Indes et de la Chine, trad. de l'arabe. *Paris*, 1718, *in-*8. *v. b.* — 3..60..

1226 Description de la ville de Pékin, par Delisle. *Paris*, 1765, *in-*4. *br.* = Lettre de Pékin sur le génie de la langue chinoise. *Bruxelles*, 1773, *in-*4. *br.* — 2..95.

1227 Histoire de Timur-Bec, connu sous le nom du Grand Tamerlan, par Petis de la Croix. *Paris*, 1722, 4 *vol. in-*12. *bas.* — 2

1228 Recherches historiques sur les principales nations établies en Sibérie, par Stollenwerck. *Paris*, *in-*8. *br.* — 3

1229 Histoire naturelle, civile, etc. de l'empire du Japon, trad. d'Engelb. Kæmpfer, par J. Gasp. Scheuchzer. *La Haye*, 1732, 3 *vol. in-*12. *fig. v. b.* — 3

1230 Histoire de l'île de Ceylan, par J. Ri- 1..10

beyro, (trad. par Legrand). *Paris*, 1701, *in-*12. *fig. v. b.* = Recueil des rits et cérémonies du pélérinage de la Mecque, par Galland. *Paris*, 1754, *in-*12. *bas.*

1231 Histoire de la première découverte et conquête des Canaries, par de Bethencourt. *Paris*, 1630, *in-*8. *v. b.*

1232 Joan. Leonis Africani de totius Africæ descriptione libri IX. *Antverpiæ*, 1556, *in-*8. *vél.*

1233 Histoire de l'Afrique et de l'Espagne, sous la domination des Arabes, par Cardonne. *Paris*, 1765, 3 *vol. in-*12. *v. m.*

1234 Abulfedæ descriptio Ægypti, arabicé et lat. cum not. Jo. Dav. Michaelis. *Goettingæ*, 1776, *in-*8. *bas.*

1235 Mémoires sur l'Egypte ancienne et moderne, par d'Anville. *Paris*, imp. Roy. 1766, *in-*4. *bas.*

1236 Description de l'Egypte, publiée sur les mémoires de M. de Maillet, par l'abbé le Mascrier. *Paris*, 1735, *in-*4. *fig. v. m.*

1237 Mémoires sur l'Egypte, publiés pendant les campagnes du général Bonaparte. *Paris, Didot*, an 8, *in-*8. *br.* = De l'Egypte après la bataille d'Héliopolis, par Reynier. *Paris*, 1802, *in-*8. *fig. br.*

1238 Mémoires philosophiques, historiques et physiques, concernant la découverte de l'Amérique, par Don Antoine Ulloa, (trad. par Lefebvre de Villebrune). *Paris*, 1787, 2 *vol. in-*8. *br.*

1239 Histoire de l'Amérique, trad. de Robertson, (par MM. Suard et Jansen). *Paris*, 1778, 4 *vol. in-*12. *v. m.*

1232. Jnt.

1233. gde.

1237. Wal. ao⁺ g. Bar. **

1238. gde. and.

1239. yem.

1240. gde.
1241. gde.

1245. B.

1240 Histoire des découvertes et des conquêtes des Portugais dans le nouveau
monde, par Jos. Fr. Lafitau. *Paris*, 1734,
4 *vol. in*-12. *fig. v. m.*

1241 Mœurs des sauvages Amériquains, par
le P. Lafitau. *Paris*, 1724, 4 *vol. in*-12. *fig.*
bas.

1242 Lettres d'un cultivateur américain, trad.
de l'angl. (par leur auteur, M. Saint-John
de Crevecœur). *Paris*, 1784, 2 *vol. in*-8.
bas.

1243 Lettres Américaines, par le comte Carli.
Paris, 1788, 2 *vol. in*-8. *br.*

1244 Histoire de la nouvelle France, par
Charlevoix. *Paris*, 1744, 6 *vol. in*-12. *v. b.*

1245 Relation historique de l'expédition contre les Indiens de l'Ohio, par Henr. Bou-
quet, trad. par C. G. F. Dumas. *Amsterd.*
1769, *in*-8. *fig. br.* = Mémoires sur la dernière guerre de l'Amérique septentrionale
entre la France et l'Angleterre, par Pou-
chot. *Yverdon*, 1781, 3 *vol. in*-12. *br.*

1246 Mémoire historique et politique sur la
Louisiane, par M. de Vergennes. *Paris*,
1802, *in*-8. *br.*

1247 Constitutions des treize états unis de
l'Amérique, trad. (par le duc de la Roche-
foucauld). *Paris*, 1783, *in*-8. *br.*

1248 Observations sur la Virginie, trad. de
l'angl. (de Jefferson, par M. Morellet). *Paris*, 1786, *in*-8. *br.*

1249 Histoire de la Nouvelle-York, par Will.
Smith, (trad. par Eidous). *Londres*, 1767,
in-12. *v. m.* = Correspondance de Fernand
Cortés avec l'empereur Charles V, sur la

conquête du Mexique, trad. par de Fla-
vigny. *Paris*, (1778), *in-12. bas.*

1250 Histoire naturelle et civile de la Cali-
fornie, (trad. par Eidous). *Paris*, 1767, 3
vol. in-12. fig. v. m.

1251 Histoire des Incas, rois du Pérou, trad.
de Garcillasso de la Vega, (par Dalibard).
Paris, 1744, 2 *vol. in-12. fig. bas.*

1252 Histoire de l'Orénoque, trad. de Jos.
Gumilla, par Eidous. *Avignon*, 1758, 3
vol. in-12. bas.

Antiquités, rites et usages des anciens
peuples, etc.

1253 Plutarchus de Iside et Osiride, gr. et
angl. recensuit Sam. Squire. *Cantabrigiæ*,
(1744), *in-8. v. m.*

1254 Pauli Ern. Jablonski Pantheon ægyptiorum. *Francof. ad Viadrum*, 1750, 3 *vol.*
in-8. bas.

1255 P. E. Jablonski de Memnone græcorum et ægyptiorum. *Francof.* 1753. =
Jo. Will. Engelbrechti leges locrensium.
Lipsiæ, 1699. = De Mileto ejusque colo-
niis scripsit Fr. Eber. Rambach. *Halis Sax.*
1790. = Ehrh. Leth comment. de jure emi-
grandi, etc. *Goettingæ*, 1788, *in-4. rel.*

1256 P. Ern. Jablonski opuscula. *Lugd. Bat.*
1804, 2 *vol. in-8. bas.*

1257 Frid. Sam. de Schmidt dissertatio de
sacerdotibus et sacrificiis ægyptiorum. *Tu-*
bingæ, 1768, *in-8. demi-rel.*

1254. l.
1255. l.

1256. tal.

1264. Del.

1265. xil. ao+

1266. xil. p+

1258 Joh. Seldeni de diis Syris syntagmata duo. *Amstelod.* 1681, *in-*8. *v. b.*

1259 Ant. Van Dale de oraculis ethnicorum dissertationes duæ. *Amstelod.* 1683, *in-*8. *fig. v. b.*

1260 Servatii Gallæi dissertationes de Sybillis earumque oraculis, gr. et lat. *Amstelod.* 1688, 2 *vol. in-*4. *fig. v. br.*

1261 Joan. Sauberti de sacrificiis veterum conlectanea histor. philolog. *Lugd. Bat.* 1699, *in-*8. *v. b. fig.*

1262 Mat. Brouerii de Niedeck de populorum vet. ac recent. adorationibus dissert. *Amstelod.* 1713, *in-*12. *fig. v. m.*

1263 L'Enfer des peuples anciens, ou Histoire des dieux infernaux, de leur culte, etc. par M. Delandine. *Paris,* 1784, 2 *vol. in-*12. *br.*

1264 L'Antiquité dévoilée par ses usages, par Boulanger. *Amsterd.* 1766, 3 *vol. in-*12. *cart.* = Analyse et examen de l'antiquité dévoilée, etc. (par M. Legros). *Paris,* 1788, *in-*8. *br.*

1265 De l'origine des loix, des arts et des sciences, et de leurs progrès chez les anciens peuples, par Goguet. *Paris,* 1759, 6 *vol. in-*12. *fig. v. m.*

1266 Origine des découvertes attribuées aux modernes, par Dutens. *Paris,* 1776, 2 *vol. in-*8. *v. m.*

1267 De veteri ritu nuptiarum et jure connubiorum, Barnabas Brissonius edid. *Lugd. Bat.* 1641, *in-*12. *v. b.*

1268 Histoire de l'art chez les Anciens, par

Winckelmann, trad. par Huber. *Paris*, 1789, 3 *vol. in-8. demi-rel.*

1269 Joan. Schefferus de militia navali veterum. *Upsaliæ*, 1654, *in-4. fig. v. b.*

1270 Histoire du commerce et de la navigation des Anciens, par P. Dan. Huet. *Lyon*, 1763, *in-8. bas.*

1271 Histoire du commerce et de la navigation des Egyptiens, sous le règne des Ptolémées, par M. Ameilhon. *Paris*, 1766, *in-12. cart.*

1272 Car. Paschalii coronæ, cum not. var. *Lugd. Bat.* 1671, *in-8. v. b.*

1273 Laur. Pignorii de Servis et eorum apud veteres ministeriis comment. *August. Vindel.* 1613, *in-4. fig. vél.* = Had. Relandi antiquitates sacræ vet. hebræorum. *Traj. ad Rhen.* 1741, *in-4. demi-rel.*

1274 Julii Pontederæ antiquitatum latin. græcarumque enarrationes. *Patavii*, 1740, *in-4. fig. bas.*

1275 G. H. Nieuport rituum romanorum succincta explicatio, cum prolusion. Jo. Matth. Gesneri. *Berolini*, 1751, *in-8. v. m.*

1276 Mémoire sur Vénus, auquel l'académie des belles-lettres a adjugé le prix en 1775, par M. P. H. Larcher. *Paris*, 1775, *in-12. demi-rel.*

1277 Tob. Gutberlethi de saliis Martis sacerdotibus apud romanos liber. *Franekeræ*, 1704, *in-12. vél.*

1278 Observations sur le temple d'Eleusis, (par M. de Sainte-Croix). *Paris*, 1802, *in-8. fig. br.* = Tables du voyage d'Anacharsis, par le même. *In-8. bas.*

1270. Dut. Barb. it
1271. Dut. Barb. it

1278. L. B.

1281. B.

1287. Dut. Merl. am⁺

1279 Gisb. Cuperi Harpocrates, sive explic.
imagunculæ argenteæ quæ in fig. Harpo-
cratis formata representat solem, ect. *Traj.
ad Rhen.* 1687, *in*-4. *fig. vel.*

1280 Du culte des dieux fétiches, (par le
prés. de Brosses). 1760, *in*-12. *bas.*

1281 De Hierarchia et studio vitæ asceticæ
in sacris et mysteriis græcorum romanorumque latentibus, scripsit Pet. Eras. Mul-
ler. *Hauniæ*, 1803, *in*-8. *cart.*

1282 Mémoires militaires sur les Grecs et les
Romains, par Charl. Guischardt. *Lyon*,
1760, 2 *vol. in*-8. *fig. bas.*

1283 Joan. Kirchmannus de funeribus romanorum. *Lubecæ*, 1637, *in*-8. *vel.*

1284 Joan. Nicolai libellus de luctu chris-
tianorum, seu de ritibus ad sepulturam
pertinentibus, stud. Sigeb. Havercampi.
Lugd. Bat. 1739, *in*-8. *vel.*

Inscriptions, Médailles, etc.

1285 Ant. Van Dale dissert. de antiquitatibus
quin et marmoribus inservientes. *Amstelod.*
1743, *in*-4. *fig. v. m.*

1286 Characteres Ægyptii, hoc est, sacrorum, quibus Ægyptii utuntur simulacro-
rum accurata delineatio et explicatio, auct.
Laur. Pignorio. *Francofurti*, 1608, *in*-4.
fig. parch.

1287 Essai sur les hieroglyphes des Egyptiens,
trad. de Warburton, (par M. Léonard des
Malpeines). *Paris*, 1744, 2 *vol. in*-12.
fig. v. m.

1288 Lettre au cit. Chaptal, au sujet de l'inscription égyptienne du monument trouvé à Rosette, par M. A. I. Silvestre de Sacy. *Paris*, 1802, *in-8. demi-rel. Pap. Vélin.*

1289 Eclaircissemens sur l'inscription grecque trouvée à Rosette, par M. Ameilhon. *Paris*, 1803, *in-4. fig. br.*

1290 Inscriptionum antiquarum sylloge, à Guill. Flettwood. *Londini*, 1691, *in-8. v. b.*

1291 Notæ græcorum quæ in æreis atque marmoreis græcorum tabulis observantur, collegit, etc. Ed. Corsinus. *Florentiæ*, 1749, *in-fol. cart.*

1292 Antiquitates asiaticæ christianam æram antecedentes, gr. et lat. cum notis Edm. Chishull. *Londini*, 1728, *in-fol. fig. v. f.*

1293 Inscriptiones antiquæ in Asiâ Minori et Græcâ collectæ, edid. Ric. Chandler. *Oxonii*, 1774, *in-fol. fig. demi-rel.*

1294 Monumenta Peloponnesia comment. explicata à Paullo M. Paciaudio. *Romæ*, 1761, 2 *tom. en* 1 *vol. in-4. fig. bas.*

1295 Inscriptiones Atticæ ex Maffeii schedis in lucem edit. gr. et lat. cum observ. Edv. Corsinii. *Florentiæ*, 1752, *in-4. cart.*

1296 Marmora Oxoniensia, gr. et lat. studio Humph. Prideaux. *Oxonii*, 1676, *in-fol. v. b.*

1297 Marmora Oxoniensia, (studio Mich. Maittaire). *Londini*, 1732, *in-fol. v. m.*

1298 Marmora Oxoniensia, gr. et lat. curante Guil. Roberts. *Oxonii*, 1791, *in-8. demi-rel.*

1299 Recueil de dissertations sur différentes inscriptions grecques. *In-4. fig. demi-rel.*

1300 Inscriptionum antiquarum, gr. et lat.
liber

1288. Barb. h+

1293. L+.

1295. Barb. ao+

1297. L.

1299. B.

1305. Merl. mh+
1306. Merl. h+y⁓

1307. Merl. m+

1308. Merl. p+

1309. Merl. n+

1310. Wal. aa+ Barb. ao+

liber, à Ricardo Pococke. 1752, *in-fol.*
demi-rel.

1301 Senatus consulti de bacchanalibus, sive
Æneæ vetustæ tabulæ musæi Cæs. Vindo-
bonensis explicatio, auct. Matthæo Ægyp-
tio. *Neapoli*, 1729, *in-fol. v. b.* — 2

1302 De Palæstra Neapolitana comment. in
inscriptionem athleticam, etc. dissertatio
(Nicolai Ignarra). *Neapoli*, 1770, *in-4.*
cart. — — — — — — — — — — 8

1303 Cenotaphia Pisana Caii et Lucii Cæsa-
rum dissertation. illustrata, auct. Fr. Henr.
Noris. *Venetiis*, 1681, *in-fol. v. b.* . . . . .
1304 Museum Schoepflini, lapides, Marmora,
Vasa, (auct. Jer. Jac. Oberlino). *Argento-*
rati, 1773, *in-4. fig. tom. 1. br.*   1 — 50

1305 Ezechielis Spanhemii dissertationes de
præstantia et usu numismatum antiquorum.
Londini, 1706, 2 *vol. in-fol. v. f.* . — — . . 26 — 50

1306 Seleucidarum imperium, sive historia
regum Syriæ, auct. Vaillant. *Lut. Parisior.*
1681, *in-4. fig. v. b.* . — — — . . . — 4 — 70

1307 Histoire des rois de Thrace, et de ceux
du Bosphore Cimmerien, éclaircie par les
médailles, par Cary. *Paris*, 1752, *in-4.*
fig. v. m.   5 — 95

1308 Eduardi Corsini de Minnisari aliorumque Armeniæ regum nummis dissert. *Li-*
burni, 1754, *in-4. cart.* — 2

1309 Mémoires sur diverses antiquités de la
Perse, et sur les médailles des rois de la
dynastie des Sassanides, etc. par M. de
Sacy. *Paris*, 1793, *in-4. fig. demi-rel.* . . 10 — 95

1310 Theoph. Sigif. Bayeri historia Osrhoena   11 — 50

et Edessena, ex numis illustrata, *Petropoli*, 1734, *in-4. fig. demi-rel.*

1311 Historia regni græcorum Bactriani, auct. Bayero. *Petropoli*, 1738, *in-4. bas.*

1312 Description de médailles antiques, grecques et romaines, avec leur dégré de rareté, par T. E. Mionnet. *Paris*, 1806, 3 *vol. in-8. fig. br.*

1313 Museum Cuficum Borgianum velitris, illustravit Jac. Georg. Christ. Adler. *Romæ*, 1782, *in-4. cart.*

1314 Car. Arbuthnotii tabulæ antiq. nummorum, opera Dan. Konigii. *Lugd. Bat.* 1764, *in-4. demi-rel.*

1315 Traité des monnoies musulmanes, trad. de l'arabe de Macrizi, par M. A. I. Silvestre de Sacy. *Paris*, 1797, *in-8. cart.*

1316 Monnoies des Comtes de Provence. *Aix*, an 9, *in-4. fig. br.*

1317 Métrologies constitutionnelle et primitive, comparées entre elles, etc. *Paris*, 1801, 2 *vol. in-4. br.*

Divers monumens d'antiquités; Edifices publics, etc.

1318 Galerie antique, ou collection des chef-d'œuvres d'architecture, de sculpture et de peinture antiques, par MM. Delettre et Boutrois. *In-fol. fig. Livraisons* 1 à 8. *br.* Manque les livr. 5 et 6.

1319 De l'architecture égyptienne considé-

1311. Wal. aoͭ 50ᶜ. Barb. aoͭ

1315. Merl.

1316. Merl.

1321. Barb. mh+

1324. gde. Barb. n+

rée dans son origine, etc. comparée à l'architecture grecque, par M. Quatremère de Quincy. *Paris*, 1803, *in-4. fig. demi-rel.*

1320 Joan. Meursii athenæ atticæ, sive de præcip. athen. antiquitatibus lib. tres. *Lugd. Bat.* 1624, *in-4. v. f.*

1321 Alex. Symmachi Mazochii commentarii in æneas tabulas Heracleenses. *Neapoli*, 1754, *in-fol. cart.*

1322 Recueil de lettres de Winckelmann, sur les découvertes faites à Herculanum, (trad. par Jansen). *Paris*, 1784, *in-8. demi-rel.* —

1323 Monumens antiques inédits, ou nouvellement expliqués par A. L. Millin. *Paris*, 1802, *in-4. fig. cart.*

1324 Découverte de la maison de campagne d'Horace, par Capmartin de Chaupy. *Rome*, 1767, 3 *vol. in-8. demi-rel.*

1325 De l'usage des statues chez les anciens, (par de Guasco). *Bruxelles*, 1768, *in-4. fig. br.* —

1326 Histoire de Ptolémée Auletes, dissertation sur une pierre gravée du cabinet de Madame, (par Baudelot de Dairval). *Paris*, 1698, *in-12. fig. v. b.*

1327 Miscellanea eruditæ antiquitatis, sive supplem. Gruterianum, auct. Jac. Sponio. 1679, *in-fol. bas.*

1328 Œuvres complètes de J. Winckelmann. *Paris, Jansen, l'an 2, 2 vol. in-4. fig. cart.* —

Histoire littéraire, académique et bibliographique, etc.

1329 Palæographia græca, auct. Bern. de Montfaucon. *Parisiis*, 1708, *in-fol. v. m.*

1330 Histoire de l'académie françoise, par Pélisson. *Paris*, 1729, 2 *vol. in-12. v. b.* == Histoire critique des Journaux, (par Camusat). *Amsterd.* 1734, 2 *vol. in-12. v. m.*

1331 Histoire de l'académie royale des inscriptions et belles lettres. *Paris, de l'Imp. Royale*, 1736, 46 *vol. in-4. fig. v. m.*

1332 Notices et extraits des manuscrits de la bibliothèque du Roi. *Paris, Imp. Royale*, 1787, 7 *vol. in-4. cart.*

1333 Collection des mémoires de l'institut, savoir : Sciences mathématiques et physiques. *Paris, l'an* 6, *in-4. br.* Tom. 1 à 6, ann. 1806 et 1807, 4 parties. == Mémoires des savans étrangers, le tom. 1. == Sciences morales et politiques. *Paris, an* 6, *in-4. br.* Tomes 1 à 5. == Littérature et beaux arts. *Paris, l'an* 6, *in-4. br.* Tomes 1 à 5. En tout 21 *vol. in-4.*

1334 Choix des mémoires et abrégé de l'hist. de l'académie de Berlin. *Berlin*, 1761, 4 *vol. in-12. v. m.*

1335 Histoire de l'université de Paris, par Crevier. *Paris*, 1761, 7 *vol. in-12. v. m.*

1336 Mémoires sur le Collége de France, par l'abbé Cl. P. Goujet. *Paris*, 1758, 3 *vol. in-12. v. m.*

1330. B.

1306 - Merl. p t y

1340. B.

1342. dut.

1343. Till. ao

1337 Joan. Lomeierus de Bibliothecis. *Ultra-jecti*, 1680, *in-8. vél.*

1338 Essai historique sur la bibliothèque du Roi, (par M. le Prince). *Paris*, 1782, *in-12. bas.*

1339 Photii bibliotheca librorum quos legit et censuit, gr. et lat. ex recens. And. Schotti. *Genevæ*, 1611, *in-fol. bas.*

1340 De Papyris, seu voluminibus græcis Herculanensibus, comment. Christ. Theop. de Murr. *Argentorati*, 1804, *in-8. br.* = De Antiquâ eloquentiâ cum recensione comparata, auct. Ph. Guil. Van Heusde. *Traj. ad Rhen.* 1805, *in-8. br.* = Rutg. Jani Schimmelpenninck dissert. de imperio populari rite temperato. *Lugd. Bat.* 1784, *in-8. br.* = De Græcorum mysteriis dissert. auct. I. A. L. Wegscheider. *Gottingæ*, *in-8. br.*

1341 Catalogue des manuscrits Samskrits de la bibliothèque Impériale, avec des notices du contenu de la plupart de ces ouvrages, par MM. Alex. Hamilton et L. Langlès. *Paris*, 1807, *in-8. cart.*

1342 Bibliothèque critique par Sainjore, (Richard Simon). *Paris*, (*Nancy*), 1708, 4 vol. *in-12. v. b.*

Une note écrite par M. de Villoison au bas du frontispice du premier volume, dit que cette édition a été supprimée par arrêt du Conseil. *Voyez* Mémoires du P. Niceron, tome 1er. pag. 243.

1343 Bibliographie instructive, par M. Guil. Franç. de Bure le jeune. *Paris*, 1763, 3 vol. *in-8. br.* Volumes de théologie et de belles-lettres.

1344 Joan. Alb. Fabricii bibliotheca græca. *Hamburgi*, 1718, 14 *tom. rel. en* 7 *vol. in-4. vél.*

1345 J. Alb. Fabricii bibliotheca latina. *Venetiis*, 1728, 2 *vol. in-4. v. m.*

1346 Jo. Alb. Fabricii bibliographia antiquaria, studio Paulli Schaffshausen. *Hamburgi*, 1760, *in-4. v. m.*

1347 Christ. Saxii onomasticon litterarium. *Traj. ad Rhen.* 1775, *in-8. cart.* Les tomes 1, 2 et 3.

1348 Theod. Christ. Harles notitia litteraturæ romanæ. *Lipsiæ*, 1803, *in-8. demi-rel.*

1349 A View of the various editions of the greek and roman classics, by Ed. Harwood. *London*, 1782, *in-12. v. m.*

1350 Répertoire de littérature ancienne, ou choix d'auteurs classiques grecs et latins, par Schoell. *Paris*, 1808, 2 *tom. en* 1 *vol. in-8. bas.*

1351 Table générale des matières du Journal des Savans, (par l'abbé Declaustre). *Paris*, 1753, 10 *vol. in-4. v. m.*

1352 Bibliothèques universelle, choisie, et ancienne et moderne, par Jean le Clerc. *Amst.* 1702, 83 *vol. in-12. v. b.*

1353 Le pour et contre, (par l'abbé Prevost). *Paris*, 1733, 20 *vol. in-12. bas.*

1354 Magasin Encyclopédique, depuis son origine, en 1795, jusques et y compris les deux premiers mois de 1809. *Paris*, 1795, *et ann. suiv. br. en cahiers.*

1355 Analyse complète et table du Moniteur. *Paris*, 1802, 5 *vol. in-4. br.*

1344. eller l. po+

1347. wil. n+
1348. till.
1349. Del. till.

1351. f. si le prix n'est pas trop élevé.

1354. Del.

1355. Mme mh+

1356. will. x+ Merl. e+

1357. ⬥ i. Merl. p+y

1360. gde.

1356. will. x+ Merl. e+

1356 Scriptorum ecclesiasticorum historia
litteraria, auct. Guil. Cave. *Oxonii*, 1740,
2 *vol. in-fol. bas.*
1357 Histoire littéraire de la congrégation de
Saint-Maur, (par Dom Tassin). *Paris*,
1770, *in-4. v. m.*
1358 Jac. Frid. Reimmanni historia litteraria
Babyloniorum et Sinensium. *Brunsvigæ*,
1741, *in-12. v. m.*
1359 Histoire littéraire du moyen âge, (trad.
de l'angl. de Harris, par M. Boulard). *Paris*, 1785, *in-12. demi-rel.* = Bibliothéq.
histor. des auteurs de la congrégation de
Saint-Maur, par D. Phil. Lecerf. *La Haye*,
1726, *in-12. v. b.*
1360 Histoire de la littérature d'Italie, tirée
de l'italien de Tiraboschi, et abrégée par
Et. Landi. *Berne*, 1784, 5 *vol. in-8.*
demi-rel.
1361 La France littéraire, (par les abbés
d'Hébrail et de la Porte). *Paris*, 1769, 4
vol. in-8. br.
1362 Les siècles littéraires de la France, par
N. L. M. Dessessarts. *Paris*, 1800, 7 *vol.*
in-8. demi-rel.
1363 Bibliotheca Colbertina. *Parisiis*, 1728,
3 *vol. in-12. v. b.*
1364 Bibliotheca Askewiana, sive catal. lib.
rarissim. Antonii Askew. *Londini*, 1775,
in-8. demi-rel.
1365 Catalogues des livres de M. de Saint-
Ceran. 1780. = Du marquis de Courtan-
vaux. 1782. = De M. Merigot. 1800. =
= De M. d'Ansse de Villoison. 1806, 4 *vol.*
in-8. br.

1366 Catalogue des livres rares, etc. de M. le duc de la Vallière, par Guil. de Bure, fils aîné. *Paris*, 1783, 3 *vol. in*-8. *br.*

1367 Catalogue des livres de M. le duc de la Vallière, par M. Nyon l'aîné. *Paris*, 1784, 6 *vol. in*-8. *br.*

1368 Catalogue des livres rares (de M. le Camus de Limare), par G. de Bure, fils a. *Paris*, 1786, *in*-8. *br.*

1369 Catalogue des livres du prince de Soubise, par M. Leclerc. *Paris*, 1788, *in*-8. *br.*

1370 Catalogue des livres rares, etc. (de M. de Cotte), par G. de Bure. *Paris*, 1804, *in*-8. *br.*

1371 Catalogues des livres de MM. de Villoison, Anquetil et Lamy. *Paris*, 1806, 3 *vol. in*-8. *br.*

Vies des Hommes illustres, grecs, romains, etc.

1372 Plutarchi chæronensis vitæ parallelæ, gr. et lat. recens. Aug. Bryanus. *Londini*, 1729, 6 *vol. in*-4. *v. m.*

1373 Plutarchi opera moralia, gr. et lat. studio Dan. Wyttenbach. *Oxonii, è typ. Clarend.* 1795, 10 *tom. rel. en* 9 *vol. in*-8. *v. m.*

1374 Plutarchi vitæ parallelæ Alexandri et Cæsaris, græce, stud. Frid. Schmieder. *Halæ Magd.* 1804, *in*-8. *bas.*

1375 Plutarchi vitæ Themistoclis et Camilli, Alexandri et Cæsaris, græce, curavit Car.

1372. Del. wil. rot

1373; wil. eot

1375. B.

1377. gde.

1379. dut.

1381. Del.

~~1382. A.~~

Henr. Joerdens. *Berolini,* 1788, *in-8. demi-rel.*

1376 Plutarchi liber de sera numinis vin-
   dicta, gr. et lat. recens. Dan. Wyttenbach.
   Lugd. Bat. 1772, *in-8. bas.* — — — — — —   2...   *f*

1377 OEuvres de Plutarque, trad. par Jacq.
   Amyot, avec des notes de MM. Brotier et
   Vauvilliers, revues par E. Clavier. *Paris,*
   1801, 25 *vol. in-8. fig. cart.* — — — — —   110...   *D*

1378 Les Vies des hommes illustres de Plutarque, trad. par Domin. Ricard. *Paris,*
   1798, 13 *vol. in-12. bas.* = OEuvres morales du même, trad. par le même. *Paris,*
   1783, 17 *vol. in-12. v. m.* — — — — — —   65.

1379 Traité de Plutarque sur la manière de
   discerner un flatteur d'avec un ami, et le
   banquet des sept sages, en grec et en franç.
   (trad. par M. la Porte du Theil). *Paris,*
   Imp. Roy. 1772, *in-8. demi-rel.* — — — —   4...5 *D*

1380 Diogenis Laertii de vitis philosophorum
   lib. X, gr. et lat. cum not. var. et ex recens.
   AEgidii Menagii. *Amst.* 1692, 2 *vol. in-4.*
   fig. v. b. — — — — — — — — — — — —   49...50.

1381 Diogenis Laertii de vitis, dogmatibus
   philosophorum lib. decem, gr. et lat. ex
   recens. Jo. Paul. Kraus. *Lipsiæ,* 1759,
   in-8. v. m. — — — — — — — — — — —   9...20 *D*

1382 Diogenis Laertii de vitis, etc. liber de-
   cimus, gr. et lat. curâ Carol. Nurnbergeri.
   Nurimbergæ, 1791, *in-8. demi-rel.* — — —   1...50.

1383 Eunapius Sardianus de vitis philosophorum, gr. et lat. Had. Junio Hornano in-
   terprete, curis Hieron. Commelini, et And.
   Schotti. *Apud H. Commelinum,* 1596,
   in-8. vél. — — — — — — — — — — — —   2...

1384 Eunapius Sardianus de vitis philosophorum, gr. et lat. stud. Hieron. Commelini. *Coloniæ Allobr.* 1616, *in-8. parch.*

1385 Jamblichi de vita Pythagorica liber,
gr. et lat. cum not. var. *Amsterd.* 1707,
in-4. v. b.

1386 De vitâ et moribus Epicuri libri VIII,
auct. Pet. Gassendo. *Lugduni*, 1647, *in-4.
parch.*

1387 Vies des anciens orateurs grecs, (par
de Brequigny). *Paris*, 1751, 2 *vol. in-12.
v. m.*

1388 Vie de Xénophon, suivi d'un extrait
historique et raisonné de ses ouvrages,
(par J. B. Gail). *Paris*, an 3, *in-8. br.* =
Clef d'Homére par le même. *Paris*, 1806,
in-8. br.

1389 Flavii Josephi de vita sua liber, gr.
recens. H. P. C. Henke. *Brunovici*, 1786,
in-12. demi-rel.

1390 Cornelius Nepos de vita excellentium
imperatorum, ex recognit. Steph. And.
Philippe. *Lut. Parisior. Barbou*, 1754,
in-12. v. m.

1391 Cornelii Nepotis vitæ excellent. imperatorum, stud. Joh. Frid. Fischeri. *Lipsiæ*,
1759, *in-8. bas.*

1392 Cornelii Nepotis vitæ illustrium imperatorum, curâ Th. Christ. Harles. *Erlangæ*,
1800, *in-8. demi-rel.*

1393 Cornelius Nepos en latin et en français,
trad. par l'abbé de Radonvilliers. *Paris*,
1807, *in-8. br.*

1394 Histoire de Cicéron, (trad. de Middle-

1392. Bel. B.

1394. 9de.

1395. Del.

1397. And.

1398. gde.

1400. And. cail.

ton par l'abbé Prevost). *Paris*, 1749, 4.
vol. in-12. v. m.

1395 De græcis illustribus, eorum scriptis,
vitis et elogiis, lib. duo, auct. Humfr. Ho-
dio. *Londini*, 1742, *in-8. v. f.* — — — — — — — — — — — — 7 ... D

1396 La vie de Laurent de Médicis, trad. de
Nic. Valori, (par Gouget). *Paris*, 1761,
in-12. v. m. = Les éloges des hommes savans, tirés de l'histoire de de Thou, par
Ant. Teissier. *Utrecht*, 1717, 2 *vol. in-12.*
bas. — — — — — — — — — — 1 ...

1397 Vie de Bossuet, par de Burigny. *Paris*, 1761, *in-12. br.* = La Vie du Cardinal
du Perron, par le même. *Paris*, 1768, *in-
12. bas.* — — — — — — — — 3 ... 95 D

1398 Mémoires pour servir à l'histoire de la
vie et des ouvrages de MM. de Fontenelle
et de Lamotte, par Trublet. *Amst.* 1759,
in-12. bas. = Eloges des académiciens de
l'académie des sciences, par de Mairan.
Paris, 1747, *in-12. v. b.* — — — — — — 1 ... 60 D

1399 Vie polémique de Voltaire, ou l'histoire de ses proscriptions. *Paris*, 1802,
in-8. br. — — — — — — — — — — 1 ... 50 .

1400 Vie de Grosley, écrite en partie par lui-
même, continuée par l'abbé Maydieu. *Paris*, 1787, *in-8. br.* — — — — — — — — 2 ... 95 D

1401 Mémoires sur la vie et sur quelques-
uns des ouvrages de Jean Jacques Barthelemy, écrits par lui-même. *Paris*, an 7,
in-4. br. Pap. Vél. — — — — — — — 7 ... 95 .

1402 Notice sur Jules Franç. Paul Fauris
Saint-Vincent. == Inscription grecque tirée de la maison qu'avoit habitée Peiresc,
etc. *Aix*, an 8, *in-4. fig. br.* — — — — — 3 ... 95 D

1402. Doubl. — — — — — — — — 3 ... 95 D

1403 Mémoires d'un voyageur qui se repose, contenant des anecdotes historiques, etc. par M. L. Dutens. *Paris*, 1806, 3 *vol. in-8. br.*

1404 Joan. Clerici vita et opera. *Amstelod.* 1711, *in-12. v. b.* == Histoire de la vie et des ouvrages de la Croze, par Jordan. *Amsterd.* 1741, *in-12. v. m.* == Mémoires pour servir à l'histoire de la vie et des ouvrages de l'abbé Lenglet du Fresnoy. *Paris*, 1761, *in-12. bas.*

1405 Vita Davidis Ruhnkenii, auct. Dan. Wyttenbachio. *Lugd. Bat.* 1799, *in-8. cart.*

1406 Mémoires de Gibbon, suivis de quelques ouvrages posthumes. *Paris*, an 5, 2 *vol. in-8. demi-rel.*

1407 Observations sur quelques grands peintres, avec un précis de leur vie, par Taillasson. *Paris*, 1807, *in-8. br.*

Extraits historiques.

1408 Nouveau dictionnaire historique. *Caen*, 1779, 8 *vol. in-8. bas.*

1409 AEliani varia historia, gr. *Parisiis*, *in-8. bas.*

1410 AEliani varia historia, gr. et lat. cum not. var. curante Abr. Gronovio. *Lugd. Bat.* 1731, 2 *vol. in-4. v. j.*

1411 Claudii AEliani varia historia, gr. cum notis Gottl. Benj. Lehnert. *Lipsiæ*, 1794, *in-8. bas.*

1412 Histoires diverses d'Elien, trad. du grec par M. Dacier. *Paris*, 1772, *in-8. v. m.*

1403. gde.

1411. B.

1414. B.

1415. L. Del.

1413 Valerii Maximi dictorum factorumque
memorabilium libri IX, operâ Jo. Minellii.
Roterodami, 1662, *in*-12. *v. b.* . . . . 1 . . . 25

1414 Valerii Maximi dictorum factorumque
memorabilium libri IX, è recens. Torre-
nii, edid. Th. Benj. Halfrecht. *Curiæ Regna-*
tianæ, 1799, *in*-8. *bas.* . . . . 5 . . 80

Article omis.

1415 Annales des voyages, de la géographie
et de l'histoire, publiées par M. Malte-Brun.
Paris, 1807, 18 *cahiers, broc. en 6 vol.*
in-8. *fig.* . . . . 36 . 5

FIN DU CATALOGUE.

Histoire d'Hérodote, trad. du grec, avec des
remarques historiques et critiques, par
M. Larcher. Deuxième édition. *Paris*,
1802, 9 *vol. in-8. br.* . . . . . 60 fr.

Le même ouvrage, 9 *vol. in-8. tiré sur papier
vélin, in-4. br.* . . . . . . : 240 fr.

Description de Médailles antiques, grecques
et romaines, avec leur degré de rareté et
leur estimation ; ouvrage servant de catalogue à une suite de plus de vingt mille
empreintes en soufre, prises sur les pièces
originales, par M. T. E. Mionnet. *Paris*,
1806, *in-8. tom.* 1, 2 *et* 3, *et trois cahiers
de planches, br.* . . . . 46 fr.

L'expédition de Cyrus dans l'Asie supérieure,
et la retraite des dix mille, trad. du grec
de Xénophon, par M. Larcher. *Paris*,
1778, 2 *vol. in-12. avec une carte, br.* 5 fr.

La Cyropédie, ou histoire de Cyrus, trad. du
grec de Xénophon, par M. Dacier, de
l'académie des Inscriptions, et membre de
l'Institut. *Paris*, 1777, 2 *vol. in-12. br.* 5 fr.

Manuel des Dames de charité, ou formules
de médicamens faciles à préparer, dressés
en faveur des personnes charitables qui
distribuent des médicamens aux pauvres,
par Arnault de Nobleville. *Paris*, 1765,
in-12. br. . . . . 2 fr. 50 c.

Tableau des maladies de Lommius, ou description des maladies qui attaquent le corps
humain, avec leurs signes diagnostics et

prognostics, trad. en français par le Mascrier. *Paris*, 1792, *in*-12. *br.* 2 fr. 50 c.
Cet ouvrage sert d'Introduction au Manuel de Charité.

Description des plantes usuelles, avec leurs
vertus, leurs usages et leurs propriétés, par
Arnault de Nobleville. *Paris*, 1774, *in*-
12. *br.* . . . . 2 fr. 50 c.
Ces trois ouvrages se joignent ordinairement ensemble, parce que par les remèdes, ils renvoyent de l'un à
l'autre.

Ouvrages de M. Bailly, sur l'astronomie, ses
Lettres sur les Sciences et sur l'Attlantide,
ses Eloges, Mémoires et Rapports, etc.

Statistique générale de la France, publiée par
ordre de S. M. l'Empereur et Roi, sur les
Mémoires adressés par MM. les Préfets à S.
Exc. le Ministre de l'Intérieur. *In*-4. avec
les cartes topographiques de chaque département par M. de Belleyme.

Il paraît dans ce moment :

Statistique du département du Mont-Blanc,
in-4. avec la carte enluminée. 16 fr. 25 c.

— du département de la Haute-Vienne, *in*-4.
avec la carte enluminée. 16 fr. 25 c.

— du département de l'Ain, *in*-4. avec la
carte enluminée. 19 fr. 25 c.

Plusieurs départemens vont paraître sous
peu.

*Les personnes qui désireraient souscrire
ne paieront que 4 fr. pour 25 feuilles papier
ordinaire, et 8 fr. pap. vélin.*

ANNONCE.

LA VENTE DES LIVRES

De la bibliothèque de feu M. GUILHEM CLERMONT LODÈVE DE SAINTE-CROIX se fera dans l'ordre qui suit, le lundi 3 juillet 1809, et jours suivans, à six heures très-précises de relevée, en sa maison, rue Cassette, n°. 33, par DE BURE, père et fils, Libraires de la Bibliothèque Impériale, rue Serpente, n°. 7.

Les adjudications seront faites par M. POULTIER, Commissaire-Priseur, rue des Quatre-Vents, n°. 13.

1re vacation, lundi 3 juillet.		*5e vacation, vendredi 7 juillet.*	
Théologie.	1— 13	Belles-Lettres.	488— 514
Sciences et Arts.	209—218	Théologie.	53— 65
Belles-Lettres.	380—406	Sciences et Arts.	249— 258
Histoire.	812—849	Histoire.	964—1001

2e vacation, mardi 4.		*6e vacation, samedi 8.*	
Sciences et Arts.	219—228	Sciences et Arts.	259— 269
Théologie.	14— 26	Théologie.	66— 78
Histoire.	850—887	Belles-Lettres.	515— 541
Belles-Lettres.	407—433	Histoire.	1002—1039

3e vacation, mercredi 5.		*7e vacation, lundi 10.*	
Sciences et Arts.	229—238	Théologie.	79— 91
Belles-Lettres.	434—460	Sciences et Arts.	270— 280
Théologie.	27— 39	Belles-Lettres.	542— 568
Histoire.	888—925	Histoire.	1040—1077

4e vacation, jeudi 6.		*8e vacation, mardi 11.*	
Théologie.	40— 52	Sciences et Arts.	281— 291
Sciences et Arts.	239—248	Théologie.	92— 104
Histoire.	926—963	Belles-Lettres.	569— 595
Belles-Lettres.	461—487	Histoire.	1078—1115

9ᵉ *vacation, mercredi 12 juill.*

Sciences et Arts.	292— 302
Belles-Lettres.	596— 622
Histoire.	1116—1153
Théologie.	105— 117

10ᵉ *vacation, jeudi 13.*

Sciences et Arts.	303— 313
Histoire.	1154—1191
Belles-Lettres.	623— 649
Théologie.	118— 130

11ᵉ *vacation, vendredi* 14.

Belles-Lettres.	650— 676
Sciences et Arts.	314— 324
Histoire.	1192—1229
Théologie.	131— 143

12ᵉ *vacation, samedi* 15.

Théologie.	144— 156
Sciences et Arts.	325— 335
Belles-Lettres.	677— 703
Histoire.	1230—1267

13ᵉ *vacation, lundi 17 juillet.*

Théologie.	157— 169
Sciences et Arts.	336— 346
Belles-Lettres.	704— 730
Histoire.	1268—1304

14ᵉ *vacation, mardi* 18.

Théologie.	170— 182
Sciences et Arts.	347— 357
Belles-Lettres.	731— 757
Histoire.	1305—1341

15ᵉ *vacation mercredi* 19.

Théologie.	183— 193
Sciences et Arts.	358— 368
Belles-Lettres.	758— 784
Histoire.	1342—1378

16ᵉ *vacation, jeudi* 20.

Jurisprudence.	194— 208
Sciences et Arts.	369— 379
Belles-Lettres.	785— 811
Histoire.	1379—1415

FIN

Montant des Vacations.

1ere Vacation — — — — 1142.t 65.c
2d — — — — — 909 — 80.
3e — — — — — 742 — 20.
4e — — — — — 694 — 15.
5e — — — — — 775 — 20.
6e — — — — — 1269 — 15.
7e — — — — — 917 — 50.
8e — — — — — 769 — 40.
9e — — — — — 782 — 45.
10e — — — — — 600 — 5.
11e — — — — — 756 — 10.
12e — — — — — 475 — 50.
13e — — — — — 436 — 75.
14e — — — — — 1363 — 50.
15e — — — — — 1187 — 25.
16e — — — — — 633 — 95.

Total de la Vente — — — — 13455.t — 60.c